Vorspeisen & Fingerfood

Vorspeisen & Fingerfood

Warme Vorspeisen

Kalte Vorspeisen

Fingerfood

Das große Plus

Die Vorspeise ist eine sehr
europäische Sitte. In vielen anderen
Kulturen gilt es als unhöflich,
dem Gast zu diktieren,
wann er was essen soll.

Man stellt vielmehr alle Speisen zugleich auf den Tisch und lässt dem interessierten Esser die Wahl. Das hat für beide Seiten große Vorteile: Erstens macht so eine üppig beladene Tafel optisch was her, gereicht also dem Gastgeber zur Ehre. Zweitens kann der Gast auf diese Weise elegant ignorieren, was ihm nicht schmeckt – ohne den Koch zu beschämen. Und drittens kann er ebenso elegant viel zu viel (oder viel zu wenig) essen.

Der Nachteil: Mit der Zeit wird, was warm bleiben soll, kalt. Und was kalt bleiben soll, wird warm. Außerdem bekommt der schnellste Esser – getreu den Regeln des Darwinismus – die besten Happen. Menschen, die mit vielen Geschwistern aufgewachsen sind, sowie jene, die schon mal den Überlebenskampf am Brunchbuffet verloren haben, wissen daher der stilvollen europäischen Speisenfolge viel abzugewinnen. Besonders dann, wenn keine Schüsseln auf den Tisch gestellt werden, sondern fertig angerichtete Teller. Auf denen alles genauso warm, kalt, übersichtlich oder reichhaltig ist, wie es eben sein soll.

Und genau das Letztere ist die Kunst. Eine Vorspeise oder Fingerfood-Häppchen sollen den ersten Appetit stillen, aber keinesfalls satt machen. Sie sollen in sich ein wunderbares Ganzes ergeben und trotzdem Lust auf etwas Neues, nämlich den nächsten Gang oder das nächste Häppchen, machen. Und sie sollen, bitteschön, jedem schmecken. »Geht nicht«, sagen Sie? Geht doch. Schauen Sie mal in dieses Buch!

Warme Vorspeisen

Wer sich die Mühe macht, eine warme Vorspeise zu servieren,
zeigt nicht nur, dass er mit Liebe kocht – er kann sich auch
der Liebe seiner Gäste sicher sein. Denn die wissen ja nicht,
wie wenig Arbeit das gemacht hat ...

Geschmolzene Tomaten

vegetarisch | raffiniert

4	**Portionen**
	Zubereitungszeit
Pro Portion	ca. 155 kcal, E 2 g, F 11 g, KH 8 g

1,2 kg	Flaschentomaten
2	Schalotten
20 g	Butter
1–2 TL	grobes Meersalz
3 EL	Zitronensaft
	Zucker
2 Stängel	Estragon
1 TL	Korianderkörner
100 g	Sahne

• Die Tomaten mit kochendem Wasser übergießen, kalt abspülen und häuten. Die Schalotten abziehen, halbieren und in feine Würfel schneiden. Die Butter in einer Pfanne erhitzen, die Schalottenwürfel darin glasig dünsten. Die Tomaten dazugeben, salzen, mit dem Zitronensaft beträufeln und 1 Prise Zucker darüberstreuen. Die Tomaten bei kleiner Hitze 12–15 Min. schmoren lassen.

• Inzwischen den Estragon abspülen, trocken schütteln und die Blätter abzupfen. Den Koriander im Mörser zerstoßen und kurz vor dem Ende der Schmorzeit zusammen mit dem Estragon über die Tomaten streuen.

• Die Tomaten mit einer Schaumkelle aus dem Schmorsud nehmen und auf einer tiefen Platte anrichten. Schmorsud und Sahne verrühren und über die Tomaten gießen. Die Tomaten lauwarm servieren.

Dazu Baguette

Variante Zusätzlich zur Sahne noch etwa 50 g Gorgonzola-Käse mit in den Schmorsud rühren und mit etwas Portwein abschmecken.

Tipp Die Tomaten kurz vor dem Anrichten mit grob zerbröselten Tacochips oder Kartoffelchips bestreuen. Die Tomaten schmecken auch als Beilage zu Fisch und Fleisch oder vegetarisch mit Nudeln oder Reis.

Ziegenkäse-Crostini

vegetarisch | raffiniert

6	**Stück**
	Zubereitungszeit 30 Min.
	Gefrierzeit 2 Std.
	Backzeit 8 Min.
Pro Stück	**ca. 90 kcal, E 1 g, F 16 g, KH 11 g**

2	Feigen
1 TL	Feigensenf
	Salz, frisch gemahlener Pfeffer
1 TL	Sherryessig
1 EL	Öl
1 Stück	Baguette
3	kleine Ziegenfrischkäse (à 40 g)
1–2 Zweige	Thymian
2 EL	brauner Zucker
20 g	Butter

• Die Feigen schälen und quer in drei Scheiben schneiden. Einen Gefrierbeutel zu je 2 Folien schneiden. Die Feigenscheiben zwischen den Folien dünn ausrollen und mindestens 2 Std. ins Gefrierfach legen.

• Für das Dressing Feigensenf, Salz, Pfeffer und Essig verrühren. Das Öl in feinem Strahl dazugeben und mit einer Gabel unterschlagen. Den Backofen auf 200° (Umluft 180°, Gas Stufe 4) vorheizen.

• Das Baguette in sechs ganz dünne Scheiben schneiden und leicht toasten. Die Ziegenfrischkäse einmal quer halbieren. Die Baguettescheiben mit je einer Ziegenfrischkäsehälfte belegen.

• Den Thymian abspülen, trocken schütteln und die Blätter abzupfen. Thymianblätter, Zucker und Butter in Flöckchen auf den Käse geben. Die Crostini im Backofen in 6–8 Min. goldbraun überbacken.

• Die Feigenscheiben leicht antauen lassen, auf den Crostini anrichten und alles mit etwas Feigendressing beträufeln. Sofort servieren.

Spargelsalat *mit Ziegenkäse*

vegetarisch | für Gäste

4	**Portionen**
	Zubereitungszeit 1 Std.
Pro Portion	ca. 340 kcal, E 12 g, F 29 g, KH 8 g

1 kg	weißer Spargel
20 g	Butter
	Salz
1 Prise	Zucker
50 g	Walnusskerne
je 3 Stängel	glatte Petersilie, Salbei, Majoran und Zitronenmelisse
1 Rolle	Ziegenfrischkäse (200 g)
3 EL	weißer Balsamessig
4 EL	Walnussöl
	frisch gemahlener Pfeffer
	grob geschrotete rosa Pfefferbeeren
etwa 4 EL	Öl zum Frittieren

• Den Spargel schälen, die holzigen Enden abschneiden und die Stangen in mundgerechte Stücke schneiden. Die Butter in einer Pfanne erhitzen und den Spargel darin leicht anbraten. Mit Salz und Zucker würzen und kurz weiterbraten. Etwa 200 ml Wasser dazugießen und zugedeckt in etwa 15 Min. bissfest dünsten (das Spargelwasser ist dann fast verkocht).

• Die Walnusskerne in einer Pfanne ohne Fett leicht rösten, herausnehmen und grob hacken. Die Kräuter abspülen, trocken schütteln und die Blätter abzupfen. Ein Drittel der Blättchen zum Frittieren beiseitelegen, den Rest fein hacken.

• Das Frittieröl erhitzen und die Kräuterblätter darin braten. Mit einer Schaumkelle herausnehmen und auf Küchenkrepp abtropfen lassen. Grill oder Backofengrill auf höchster Stufe vorheizen. Ziegenkäse in etwa 1 cm dicke Scheiben schneiden und auf ein mit Alufolie ausgelegtes Blech legen. Den Ziegenkäse unter dem Grill in etwa 3 Min. leicht bräunen.

• Für die Vinaigrette Essig und Öl verrühren. Mit Salz und Pfeffer würzen und die gehackten Kräuter unterrühren.

• Spargel, geröstete Walnusskerne und Vinaigrette mischen und auf Tellern anrichten. Je 1 Scheibe Ziegenkäse darauflegen und die frittierten Kräuter darübergeben. Mit rosa Pfefferbeeren bestreuen. Sofort servieren.

Chili-Zabaione

vegetarisch | schnell | einfach

4	**Portionen**
	Zubereitungszeit 20 Min.
Pro Portion	ca. 170 kcal, E 3 g, F 15 g, KH 2 g

60 g	Sahne
2 EL	Cognac (oder Brühe)
	Salz
2–3 TL	Zitronensaft
2	frische Eier
	frisch gemahlener Pfeffer
1 EL	Butter
2 EL	gemahlene gesalzene Macadamianüsse
	Cayennepfeffer

• Die Sahne mit Cognac, Salz und 1 TL Zitronensaft steif schlagen und kalt stellen. Die Eier in einer Wasserbadschüssel aufschlagen und etwas Salz und Pfeffer dazugeben. Über dem heißen Wasserbad mit den Quirlen des Handrührgerätes so lange schlagen, bis die Eier eine cremige Konsistenz haben.

• Die Butter schmelzen lassen und zur Eiercreme geben, dabei weiterschlagen. Die Macadamianüsse und die Cognacsahne mit einem Schneebesen unterheben und die Zabaione mit Salz, Cayennepfeffer und restlichem Zitronensaft kräftig abschmecken. Die Zabaione in vorgewärmte Gläser füllen.

Dazu Salzgebäck

Tipps Die Zabaione muss sofort serviert werden.

Eventuell die Cognacsahne nicht unter die Zabaione heben, sondern als Häubchen auf der Zabaione servieren.

Die Zabaione schmeckt auch gut zu Roastbeef oder Rinder-Carpaccio.

Ziegenkäse-Rhabarber-Säckchen

vegetarisch | einfach

8	**Stück**
	Zubereitungszeit 45 Min.
Pro Stück	**ca. 180 kcal, E 3 g, F 12 g, KH 15 g**

250 g	Rhabarber	4 TL	brauner Rohrzucker
1 Stück	frischer Ingwer (ca. 1,5 cm)	8 Zweige	Thymian
60 g	Honig		einige Radicchioblätter zum
4	kleine Ziegenfrischkäse (à 40 g)		Anrichten
8 Blätter	Yufka-Teig (Tipp)		
	flüssige Butter zum Bestreichen		

• Den Rhabarber abspülen, putzen und in Stücke schneiden. Den Ingwer schälen und fein hacken. Honig und Ingwer in einen Topf geben und bei kleiner Hitze 1–2 Min. erhitzen. Die Rhabarberstücke dazugeben, unterrühren und knapp 1 Min. kochen lassen. Den Topf vom Herd nehmen und den Rhabarber darin zugedeckt etwa 8 Min. ziehen lassen.

• Den Backofen auf 220° (Umluft 200°, Gas Stufe 5) vorheizen. Inzwischen den Ziegenkäse quer halbieren. Die Yufka-Blätter mit flüssiger Butter dünn bestreichen. Je eine Ziegenkäsehälfte darauflegen, etwas Rhabarber auf den Käse geben und mit je ½ TL braunem Zucker bestreuen.

• Den Thymian abspülen, trocken schütteln, die Blätter abzupfen und darüberstreuen. Den Yufka-Teig von allen Seiten wie ein Säckchen über dem Käse zusammendrücken und auf ein Backblech setzen. Die Teigsäckchen eventuell mit etwas Küchengarn zusammenbinden, damit sie zusammenhalten. Im Backofen etwa 8 Min. backen.

• Radicchioblätter abspülen, trocken schütteln, in Streifen schneiden und auf Teller verteilen. Die Teigsäckchen daraufsetzen und noch warm mit dem restlichen Rhabarberkompott servieren.

Tipp Yufka-Blätter gibt es im türkischen Supermarkt in verschiedenen Größen. Für das Rezept am besten runde Yufka-Blätter mit einem Durchmesser von etwa 15 cm nehmen. Große Blätter einfach mit einer Küchenschere in die richtige Größe schneiden.

Möhrenflan *mit Dillsauce*

gut vorzubereiten | für Gäste

6	Portionen		
	Zubereitungszeit 1 Std.		
	Garzeit 30 Min.		
Pro Portion	**ca. 190 kcal, E 11 g, F 14 g, KH 5 g**		

500 g	Möhren		frisch geriebene Muskatnuss
	Salz		Fett für die Förmchen
3 EL	Butter	100 g	saure Sahne
2	Eier	100 ml	Gemüsefond (aus dem Glas)
150 g	fettreduzierter Frischkäse	½ Bund	Dill
2 EL	frisch geriebener Parmesan-Käse	100 g	Krebsschwänze
	frisch gemahlener Pfeffer		

• Backofen auf 180° (Umluft 160°, Gas Stufe 3) vorheizen. Inzwischen die Möhren putzen, schälen und auf der Gemüsereibe fein raspeln. Salzwasser aufkochen, die Möhren darin in 4 Min. garen, in ein Sieb gießen und abtropfen lassen.

• Butter schmelzen lassen, die Möhren darin andünsten. Ein Drittel der Möhren beiseitestellen, die restlichen Möhren mit dem Stabmixer pürieren.

• Eier, Frischkäse und Parmesan verrühren. Möhrenpüree und Möhrenraspel unter die Mischung rühren und mit Salz, Pfeffer und Muskat abschmecken. Sechs ofenfeste Förmchen oder Tassen einfetten und die Masse etwa zwei Drittel hoch einfüllen. Etwas Wasser auf den Backofenboden gießen und in 25–30 Min. garen.

• Für die Dillsauce saure Sahne und Gemüsefond verrühren, salzen und pfeffern. Den Dill abspülen, trocken schütteln, die Dillspitzen hacken und unterrühren. Die Flans 2–3 Min. abkühlen lassen, dann aus der Form stürzen. Die Dillsauce und Krebsschwänze dazu servieren.

Varianten Die Flans können auch mit anderen Gemüsesorten zubereitet werden, z. B. mit Blumenkohlröschen, Kohlrabi oder Paprikaschoten.

Tipps Im Dampfgarer werden die Flans noch besser!

Auch die Weinschaumsauce von Seite 59 schmeckt gut dazu.

Teigröllchen *mit Käsecreme*

einfach

12	**Stück**		
	Zubereitungszeit 1 Std.		
Pro Stück	**ca. 270 kcal, E 14 g, F 11 g, KH 28 g**		

½ Bund	Minze	2 TL	Öl
1	rote Chilischote	300 g	Lammhackfleisch
1	Bio-Zitrone	100 ml	Lammfond (aus dem Glas)
250 g	körniger Frischkäse		frisch gemahlener Piment
	Salz	etwa 480 g	Filoteig (oder Yufka-Teig,
1	Zwiebel		evtl. tiefgekühlt)
2	Knoblauchzehen	1	Eigelb
2	Möhren		Öl zum Frittieren

• Für die Frischkäsecreme die Minze abspülen, trocken schütteln und die Blätter hacken. Die Chilischote längs aufschneiden, entkernen, abspülen und fein hacken (dabei mit Küchenhandschuhen arbeiten!). Die Zitrone heiß abspülen, trocken reiben und die Schale abreiben. Minze, gehackte Chili, Zitronenschale und Frischkäse verrühren und mit Salz würzen.

• Für die Teigröllchen Zwiebel und Knoblauch abziehen und fein würfeln. Die Möhren putzen, schälen und ebenfalls in feine Würfel schneiden. 1 TL Öl erhitzen, Zwiebel, Knoblauch und Möhren darin andünsten. Das Hackfleisch dazugeben und weiterbraten, bis es braun und krümelig ist.

• Den Fond dazugießen und weiterbraten, bis die Flüssigkeit verdampft ist. Mit Salz und Piment abschmecken. Den Filoteig in zwölf etwa 12 × 18 cm große Rechtecke schneiden und mit dem restlichen Öl bestreichen.

• Je 2 TL von der Füllung auf das untere Teigstück geben, den unteren Rand und die Seiten über die Füllung schlagen. Den Teig mit der Füllung aufrollen.

• Eigelb verquirlen, die Teigenden damit bestreichen und festdrücken. Öl erhitzen, die Röllchen darin portionsweise goldgelb frittieren. Auf Küchenpapier abtropfen lassen. Zusammen mit der Frischkäsecreme servieren.

Tipp **Nicht zu viele Röllchen auf einmal in das heiße Öl geben. Die Temperatur des Öles sinkt sonst zu stark ab und der Teig wird nicht knusprig frittiert.**

Rote-Bete-Kugeln

vegetarisch | raffiniert | preiswert

8 Portionen
Zubereitungszeit 40 Min.
Ruhezeit 30 Min.
Pro Portion ca. 155 kcal, E 6 g, F 7 g, KH 14 g

20 g	Butter (oder Margarine)	200 g	fettarmer Meerrettich-frischkäse
100 g	Mehl	4 EL	Gemüsefond (oder -brühe)
1	Ei	evtl. 2 EL	Noilly Prat (trockener Wermut)
100 ml	helles Bier	1 Stück	frischer Meerrettich (5 cm)
	Salz, frisch gemahlener Pfeffer		Öl zum Frittieren
1 Glas	Rote-Bete-Kugeln (350 g Abtropf-gewicht)		

• Für den Teig die Butter schmelzen und etwas abkühlen lassen. Mehl in eine Schüssel sieben. Das Ei trennen. Eigelb, Bier und die Butter dazugeben und mit den Quirlen des Handrührgerätes zu einem glatten Teig verrühren. Mit Salz und Pfeffer würzen. Den Teig bei Zimmertemperatur etwa 30 Min. quellen lassen.

• Inzwischen die Rote Bete in ein Sieb gießen und abtropfen lassen. Für die Meerrettichsauce Frischkäse, Fond und evtl. Wermut in einem Topf leicht erwärmen. Meerrettich schälen. Eiweiß steif schlagen und unter die Sauce heben.

• Ausreichend Öl zum Frittieren in einem flachen weiten Topf erhitzen. Die Temperatur ist richtig, wenn sich an einem in das heiße Öl getauchten Holzlöffelstiel kleine Blasen bilden.

• Rote-Bete-Kugeln mit einer Gabel durch den Bierteig ziehen und im Öl knusprig braun ausbacken. Die Kugeln mit einer Schaumkelle herausnehmen und auf Küchenkrepp abtropfen lassen.

• Die Meerrettichsauce mit dem Stabmixer kurz aufschlagen und in ein Schälchen geben. Frischen Meerrettich auf der Gemüsereibe fein reiben und über die Sauce streuen. Mit den Rote-Bete-Kugeln servieren.

Tipp Restliche Meerrettichstange schälen und in Alufolie gewickelt einfrieren. Bei Bedarf den gefrorenen Meerrettich fein reiben und wie frischen verwenden.

Brunnenkresse-Omelett mit Mozzarella

vegetarisch | raffiniert

4	**Portionen**
	Zubereitungszeit 50 Min.
Pro Portion	ca. 370 kcal, E 20 g, F 29 g, KH 7 g

1 Bund	Brunnenkresse
50 ml	Gemüsebrühe
1 Kugel	Mozzarella-Käse (125 g)
1	Knoblauchzehe
150 g	saure Sahne
	Cayennepfeffer, Salz
6	Eier
1 EL	Mehl
1 TL	Zucker
1 EL	Worcestersauce
3 EL	Öl

Tipp
Wer keine Brunnenkresse bekommt, kann Rauke oder Borretsch nehmen.

• Die Brunnenkresse abspülen, trocken schütteln, verlesen und die groben Stiele entfernen. Brunnenkresse und Brühe mit dem Stabmixer fein pürieren. Den Backofen auf 200° (Umluft 180°, Gas Stufe 4) vorheizen. Den Mozzarella abtropfen lassen. Den Knoblauch abziehen.

• Für das Mozzarellapüree, Mozzarella, Knoblauch und saure Sahne mit dem Stabmixer fein pürieren. Mit wenig Cayennepfeffer und Salz würzen, das Mozzarellapüree beiseitestellen.

• Für die Omeletts Eier, Mehl, Zucker, pürierte Brunnenkresse und Worcestersauce verrühren und mit Salz würzen.

• Etwas Öl in einer beschichteten Pfanne erhitzen. Eine kleine Kelle Eierteig in die Pfanne geben und 2–3 Min. backen. Das Omelett wenden und die andere Seite ebenfalls 2 Min. backen. Auf Küchenkrepp abtropfen lassen. Aus dem übrigen Eierteig wie beschrieben insgesamt vier Omeletts backen.

• Auf jedes Omelett 1 EL Mozzarellapüree geben und den Pfannkuchen wie einen Briefumschlag zu einem kleinen Päckchen zusammenfalten. Die Päckchen nebeneinander in eine ofenfeste Form legen, das restliche Mozzarellapüree darauf verteilen und im Backofen 8–10 Min. überbacken.

Frittierte Pfannkuchen

für Gäste

10	**Stück**		
	Zubereitungszeit 1 Std.		
Pro Stück	**ca. 90 kcal, E 6 g, F 3 g, KH 9 g**		

4 EL	Mirin (Tipp)	100 g	Mehl
4 EL	japanische Sojasauce	60 g	TK-Erbsen
100 ml	Brühe	150 g	Möhren
1 EL	Blaufischflocken (Tipp)	1 Stück	frischer Ingwer (ca. 5 cm)
	Salz	175 g	geschälte Riesengarnelen-
1	Eigelb		schwänze
1 Msp.	Backpulver		Öl zum Frittieren

• Für die Sauce Mirin in einem kleinen Topf erwärmen. Mirin anzünden und den Topf leicht schwenken, bis die Flamme erlischt. Sojasauce, Brühe, Blaufischflocken und Salz dazugeben und alles aufkochen lassen. Ein Sieb mit einem feinen Mulltuch auslegen, die Reiswein-Brühe-Mischung durch das Tuch gießen und abkühlen lassen.

• Inzwischen für die Pfannkuchen Eigelb, 150 ml Eiswasser, Backpulver und 60 g Mehl zu einem glatten dünnflüssigen Teig verrühren. Erbsen auftauen lassen. Möhren schälen und fein raspeln. Ingwer schälen und in feine Streifen schneiden. Riesengarnelenschwänze abspülen, trocken tupfen und etwa ½ cm groß würfeln.

• 80 g geraspelte Möhren, Erbsen, 2 EL Ingwer und die Garnelenwürfel in eine Schüssel geben. Den flüssigen Pfannkuchenteig dazugießen und unterrühren. Restliches Mehl darübersieben und mit einem Löffel unterrühren.

• In einer beschichteten Pfanne etwas Öl erhitzen. Etwas Pfannkuchenteig (etwa 6 cm ⌀) mit zwei Esslöffeln in die Pfanne geben und in 2–3 Min. knusprig braten. Pfannkuchen wenden und von der anderen Seite 2–3 Min. braten. Auf Küchenkrepp abtropfen lassen. Aus dem übrigen Teig wie beschrieben 10 kleine Pfannkuchen backen. Mit den restlichen Möhren anrichten und zusammen mit der Sauce servieren.

Tipps Mirin ist ein japanischer süßer Reiswein, der meist zum Kochen verwendet wird.

Blaufischflocken werden in Japan bei der Zubereitung von Grundbrühen verwendet. Mirin und Blaufischflocken gibt es in gut sortierten Asialäden. Wer keine Blaufischflocken bekommt, nimmt körnige Gemüsebrühe.

Klassiker

Zwiebelkuchen

Wenn Zwiebelkuchen nur mit neuem Wein serviert würde, hätten wir nur vier Wochen im Jahr das Vergnügen, ihn zu essen. Wir finden aber Zwiebelkuchen schmeckt immer, vor allem dieser!

12 Stück
Zubereitungszeit 2 Std. 20 Min.
Ruhezeit 1 Std. 15 Min.
Backzeit 35 Min.
Pro Stück **ca. 220 kcal, E 6 g, F 14 g, KH 16 g**

200 g	Mehl (Type 550)	500 g	Gemüsezwiebeln
10 g	frische Hefe	125 g	geräucherter durchwachse-
½ TL	Zucker		ner Speck
6 EL	Milch		frisch gemahlener Pfeffer
	Salz	3	Eier
60 g	weiche Butter	250 g	Schmand
	Mehl zum Bearbeiten		frisch geriebene Muskatnuss

• Das Mehl in eine Schüssel geben und in die Mitte eine Mulde drücken. Die Hefe hineinbröckeln und den Zucker darüberstreuen. Milch lauwarm erwärmen und die Hälfte dazugießen. Alles mit etwas Mehl vom Rand zu einem dickflüssigen Vorteig verrühren. Abgedeckt an einem warmen Ort etwa 15 Min. gehen lassen.

• Restliche Milch, 2 Prisen Salz und Butter zum Vorteig geben und alles mit den Knethaken des Handrührgerätes, dann mit den Händen zu einem glatten Teig verkneten (Step 1). Abgedeckt 30–40 Min. zur doppelten Größe aufgehen lassen.

• Inzwischen Zwiebeln abziehen und in Ringe schneiden. Speck klein würfeln und in einer Pfanne bei kleiner Hitze knusprig ausbraten. Speckwürfel aus der Pfanne nehmen. Zwiebelringe im Bratfett glasig dünsten (Step 2), mit Salz und Pfeffer würzen und abkühlen lassen. Eier und Schmand verrühren, mit Salz, Pfeffer und etwas Muskat würzen. Eiermischung, Zwiebeln und Speck verrühren.

• Hefeteig kräftig durchkneten und auf wenig Mehl zu einem Fladen (etwa 30 cm ⌀) ausrollen. Hefeteig in eine am Boden mit Backpapier ausgelegte Spring-form (etwa 26 cm ⌀) legen und einen etwa 2 cm hohen Rand formen (Step 3).

• Zwiebelmischung auf dem Teig verteilen, abgedeckt 15–20 Min. gehen lassen. Backofen auf 200° (Umluft 180°, Gas Stufe 4) vorheizen. Den gegangenen Kuchen im Ofen (untere Schiene) 30–35 Min. backen. Ofen ausschalten, den Zwiebel-kuchen noch etwa 10 Min. im Ofen stehen lassen. Warm oder kalt servieren.

1   *2*   *3*

Dazu
grüner Salat

Tipp
Ohne Speck wird's vegetarisch:
Den Speck einfach durch 100 g
geriebenen Gouda ersetzen.

Birnen-Roquefort-Torteletts

vegetarisch | einfach | schnell

12	**Stück**
	Zubereitungszeit 35 Min.
	Backzeit 15 Min.
Pro Stück	**ca. 190 kcal, E 3 g, F 14 g, KH 13 g**

450 g	TK-Blätterteig	2 EL	Balsamessig
	Mehl für die Arbeitsfläche	1–2	Birnen (300 g)
30 g	Walnusskerne		etwas Zitronensaft
1 Stück	frischer Ingwer (ca. 2 cm)	1	Eigelb
2 EL	Walnussöl	3 Blätter	Radicchio
4 EL	Ahornsirup	80 g	Roquefort-Käse

• Die Blätterteigplatten auf einer mit Mehl bestäubten Arbeitsfläche nebeneinander auftauen lassen. Backofen auf 200° (Umluft 180°, Gas Stufe 4) vorheizen. Die Walnusskerne hacken. Den Ingwer schälen und sehr fein hacken.

• 1 EL Öl in einem kleinen Topf erhitzen, Ingwer darin kurz andünsten. Ahornsirup und Essig dazugeben und etwas einkochen lassen. Walnüsse dazugeben und gut verrühren. Die Mischung abkühlen lassen.

• Birnen abspülen, trocken reiben, vierteln und das Kerngehäuse herausschneiden. Birnenviertel in dünne Spalten schneiden und mit Zitronensaft beträufeln.

• Aus jeder Teigplatte mit einem Ausstecher zwei Tropfenformen (etwa 11 × 7,5 cm) oder Kreise ausstechen und auf ein mit Backpapier ausgelegtes Backblech legen.

• Birnenspalten fächerartig auf die Blätterteigtropfen legen. Das Eigelb verquirlen, die Teigränder dünn damit bestreichen. Walnüsse und etwas Sirup auf den Birnen verteilen. Mit dem restlichen Walnussöl beträufeln.

• Im Backofen 10–15 Min. backen. Radicchioblätter abspülen, trocken schütteln und in feine Streifen schneiden. Den Roquefort über die warmen Torteletts bröseln. Mit Radicchiostreifen belegen. Sofort servieren.

Tipp Schmeckt auch gut mit Apfelspalten und Gouda-Käse.

Risottotaler mit Tomatentatar

vegetarisch | fettarm

4 Portionen
Zubereitungszeit 50 Min.
Ruhezeit 25 Min.
Pro Portion ca. 320 kcal, E 10 g, F 10 g, KH 47 g

20 g	getrocknete Steinpilze	2	Fleischtomaten
2	Schalotten	je ½ Bund	Schnittlauch und glatte
1	Knoblauchzehe		Petersilie
200 g	Risotto-Reis	½	Limette
3 EL	Olivenöl	300 ml	Milch (1,5 % Fett)
700 ml	Brühe	½ TL	gekörnte Brühe (Instant)
1 ½ Bund	Basilikum	3–4 TL	Sojasauce
6 TL	frisch geriebener Parmesan-Käse		frisch geriebene Muskatnuss
	Salz, frisch gemahlener Pfeffer		

• Steinpilze in warmem Wasser etwa 15 Min. einweichen. Schalotten und Knoblauch abziehen und fein würfeln. Reis abspülen und abtropfen lassen. 1–2 EL Olivenöl in einem Topf erhitzen, Schalotten und Knoblauch darin glasig dünsten.

• Reis dazugeben und glasig dünsten. Brühe erhitzen, nach und nach dazugießen, sodass der Reis immer leicht bedeckt ist. Bei kleiner Hitze etwa 25 Min. quellen lassen, dabei ab und zu umrühren.

• ½ Bund Basilikum abspülen, trocken schütteln und die Blätter fein hacken. Steinpilze abtropfen lassen, grob hacken. Basilikum, Pilze und Parmesan unter den Reis heben. Mit Salz und Pfeffer abschmecken und etwas abkühlen lassen.

• Aus dem Risotto mit angefeuchteten Händen zwölf dicke Taler formen. Restliches Öl erhitzen, die Taler darin von beiden Seiten 4 Min. braten. Warm stellen.

• Tomaten abspülen und vierteln. Die Viertel entkernen und fein würfeln. Kräuter abspülen und trocken schütteln. Schnittlauch in kleine Röllchen, Petersilie in feine Streifen schneiden (von beidem etwas zurückbehalten). Den Rest mit Tomatenwürfeln und Limettensaft verrühren. Mit Salz und Pfeffer abschmecken.

• Restliches Basilikum abspülen, trocken schütteln und die Blätter abzupfen. Milch kurz erwärmen. Brühe und Basilikum dazugeben und schaumig pürieren. Mit Sojasauce, Salz, Pfeffer und Muskat abschmecken. Mit Küchlein, Tomatentatar und mit den restlichen Kräutern anrichten.

Gebackener Mozzarella

für Gäste

4	**Portionen**
	Zubereitungszeit 45 Min.
Pro Portion	**ca. 180 kcal, E 6 g, F 13 g, KH 9 g**

8	Mini-Mozzarella-Kugeln (à etwa 8 g)
1 EL	Pinienkerne
8	Wan-Tan-Teigblätter (55 g; aus dem Asialaden)
4	dünne Scheiben Parmaschinken
3 EL	Olivenöl
	Zitronenpfeffer

• Die Mozzarella-Kugeln abtropfen lassen, trocken tupfen und halbieren. Die Pinienkerne in einer Pfanne ohne Fett leicht rösten, herausnehmen, kurz abkühlen lassen und grob hacken.

• Die Teigblätter auf einer Arbeitsfläche ausbreiten und die Teigränder dünn mit Wasser bestreichen. Die Parmaschinkenscheiben halbieren. Jedes Blatt mit einer halben Scheibe Parmaschinken belegen. Zwei Mozzarella-Kugelhälften daraufgeben, mit etwas Olivenöl beträufeln und mit Zitronenpfeffer würzen. Die Pinienkerne darüberstreuen.

• Zuerst den Schinken um den Mozzarella wickeln, dann den Teig darüberklappen und wie Bonbons zusammendrehen.

• Das restliche Öl in einer Pfanne erhitzen und die Wan-Tan-Päckchen darin ringsherum in etwa 3 Min. knusprig braten. Aus der Pfanne nehmen und auf Küchenkrepp abtropfen lassen. Am besten noch lauwarm servieren.

Dazu gemischter Blattsalat

Tipp Statt Mozzarella Ziegenkäse oder würzigen Bergkäse nehmen.

Gebratene Mini-Pulpo

raffiniert

4	**Portionen**
	Zubereitungszeit 30 Min.
Pro Portion	**ca. 120 kcal, E 10 g, F 8 g, KH 2 g**

250 g	Mini-Pulpo
1 Bund	glatte Petersilie
2	Knoblauchzehen
1	kleine rote Chilischote
1	Zitrone
3 EL	Olivenöl
	Salz

• Vom Pulpo eventuell die »Tuben« (runder Hinterleib) vom Kopfteil lösen und ausnehmen. Die Tentakeln vorsichtig vom Augenteil lösen. (Vorsicht, es kann Tinte spritzen). Alles unter kaltem Wasser gut abspülen und abtropfen lassen.

• Die Petersilie abspülen, trocken schütteln und die Blätter grob hacken. Den Knoblauch abziehen und in feine Würfel schneiden. Die Chilischote längs aufschneiden, entkernen abspülen und ebenfalls fein würfeln (dabei mit Küchenhandschuhen arbeiten!). Die Zitrone auspressen.

• Das Öl in einer großen Pfanne erhitzen, die vorbereiteten Pulpo darin scharf anbraten und salzen. Knoblauch, Petersilie, Chili und Zitronensaft dazugeben. Alles unter Rühren kurz mischen und heiß servieren.

Dazu Baguette und Aioli (Knoblauchmayonnaise)

Tipp Das Ausnehmen der Tuben ist bei sehr kleinen TK-Pulpo meist nicht nötig.

Spargelrösti *mit Lachs*

für Gäste

8	**Stück**
	Zubereitungszeit 1 Std
Pro Stück	**ca. 220 kcal, E 10 g, F 14 g, KH 13 g**

je 5	dicke weiße und grüne Spargelstangen
400 g	Kartoffeln
2–3 EL	Speisestärke
	Salz, frisch gemahlener Pfeffer
40 g	Butterschmalz zum Braten
½	Bio-Orange
½	Limette
1 EL	Honig
4 EL	Olivenöl
50 g	Rauke
250 g	Räucherlachs in dünnen Scheiben

● Beide Spargelsorten kalt abspülen. Den grünen Spargel nur im unteren Drittel schälen, den weißen Spargel von oben nach unten schälen. Die Enden abschneiden. Die Spargelstangen grob raspeln. Kartoffeln schälen, abspülen und ebenfalls grob raspeln. Das Gemüse leicht ausdrücken. Spargel, Kartoffeln und Speisestärke mischen und mit Salz und Pfeffer würzen.

● Jeweils etwas Butterschmalz in einer großen beschichteten Pfanne erhitzen und nacheinander acht kleine Rösti braten. Dafür je etwa 2 EL geraspeltes Gemüse in das heiße Fett geben, zu einem Rösti formen und flach drücken. Nur so viele Rösti in die Pfanne geben, dass sie sich nicht berühren.

● Rösti so lange braten, bis sich die Ränder leicht bräunen. Erst dann die Rösti mit zwei Pfannenwendern vorsichtig wenden und zu Ende braten. Rösti auf Küchenkrepp abtropfen lassen, warm halten bis alle Rösti gebraten sind.

● Für die Vinaigrette die Orange heiß abspülen, trocken reiben und die Schale fein abreiben. Orange und Limette auspressen. Zitrussaft, Orangenschale, Honig und Olivenöl verrühren und mit Salz und Pfeffer würzen. Rauke abspülen, verlesen und in der Salatschleuder trocken schleudern.

● Rösti auf einer Platte anrichten. Lachsscheiben und Rauke darauf anrichten und mit der Vinaigrette beträufeln. Sofort servieren.

Jakobsmuscheln auf Petersilienwurzelpüree

etwas teurer | braucht Zeit

4	**Portionen**
	Zubereitungszeit 1 Std. 30 Min.
Pro Portion	**ca. 470 kcal, E 10 g, F 43 g, KH 11 g**

500 g	Petersilienwurzeln		frisch gemahlener Pfeffer
300 ml	Erdnussöl zum Frittieren		frisch gemahlener Piment
	Salz	150 g	Sahne
1–2 Bund	glatte Petersilie		frisch geriebene Muskatnuss
½	Schalotte	4	große ausgelöste Jakobsmu-
180 g	kalte Butter		scheln (ohne Rogen)
¼ l	Geflügelbrühe		grobes Meersalz
1	kleine Knoblauchzehe		

• 100 g Petersilienwurzeln schälen, abspülen und mit einem Sparschäler in lange Späne schneiden. Restliche Petersilienwurzeln ebenfalls schälen, abspülen, würfeln und beiseitestellen. Das Öl erhitzen. Die Späne darin goldbraun frittieren, herausnehmen, auf Küchenkrepp abtropfen lassen, salzen und warm halten.

• Für die Petersiliensauce Salzwasser aufkochen. Petersilie abspülen und trocken schütteln. Die Blätter abzupfen, ins kochende Salzwasser geben, einmal aufkochen, in ein Sieb gießen und sofort in Eiswasser abkühlen lassen.

• Schalotte abziehen, fein würfeln. 20 g Butter erhitzen, Schalotte darin glasig dünsten. 100 ml Brühe dazugeben und aufkochen. Nach und nach 80 g eisgekühlte Butter in Stückchen mit dem Stabmixer untermixen. Knoblauch schälen und die Petersilienblätter gut ausdrücken, beides dazugeben und pürieren. Die Sauce mit Salz, Pfeffer und Piment abschmecken, warm halten.

• Restliche Brühe und Sahne aufkochen, restliche Petersilienwurzelwürfel dazugeben und 12–15 Min. kochen, dann pürieren. 50 g Butter bräunen lassen und unterrühren. Petersilienwurzelpüree mit Salz und Muskat würzen.

• Das Muschelfleisch kalt abspülen, trocken tupfen, salzen und pfeffern. 30 g Butter in einer Pfanne aufschäumen, den Schaum abschöpfen. Muscheln in der geklärten Butter zuerst auf der geriffelten Seite 1–2 Min. anbraten, wenden und sofort herausnehmen. Sie sollen innen noch glasig sein. Zum Anrichten jeweils 1–2 EL Püree auf Teller geben, Muscheln drauflegen, mit Sauce umgießen und mit Chips belegen. Mit Meersalz und Pfeffer bestreuen.

Garnelen-Spinat-Rollen

raffiniert

8 Portionen
Zubereitungszeit 1 Std.
Backzeit 15 Min.
Pro Portion ca. 350 kcal, E 10 g, F 23 g, KH 27 g

3	rote Paprikaschoten
80 g	Macadamianüsse
300 g	junger Spinat
3 EL	Macadamianuss-Öl
75 g	Butter
	Meersalz, frisch gemahlener Pfeffer
1	Knoblauchzehe
175 g	gekochte, geschälte Garnelen
300 g	Filoteig (türkischer Supermarkt)

Tipp
Schmeckt auch als
Hauptgericht. Dann
pro Portion eine ganze
Rolle nehmen.

- Ofen auf 220° (Umluft 200°, Gas Stufe 5) vorheizen. Paprika halbieren, putzen, abspülen und mit der Hautseite nach oben auf ein mit Backpapier ausgelegtes Blech legen. Im Ofen 15–20 Min. rösten, bis die Haut schwarze Blasen wirft. Mit einem feuchten Tuch abdecken, abkühlen lassen. Ofen nicht ausschalten.

- Inzwischen Macadamianüsse fein hacken und in einer Pfanne ohne Fett kurz anrösten. Abkühlen lassen. Spinat putzen, verlesen, abspülen und trocken schleudern. 1 EL Öl und 1 TL Butter in einer Pfanne erhitzen. Spinat dazugeben und darin dünsten, mit Salz und Pfeffer würzen. In ein Sieb geben und gut ausdrücken.

- Die Haut von den Paprikaschoten abziehen. 1 ½ Paprikaschoten, 1 EL Öl, Salz und Pfeffer mit dem Stabmixer fein pürieren. 2–3 EL geröstete Nüsse unterrühren.

- Knoblauch abziehen und fein hacken. Restliche Paprika vierteln. 1 TL Butter und 1 EL Öl erhitzen, Garnelen und Knoblauch darin anbraten. Herausnehmen, mit Salz und Pfeffer würzen und auskühlen lassen. Paprikaviertel im restlichen Bratfett schwenken und mit Salz und Pfeffer würzen.

- Restliche Butter schmelzen. Den Teig auf einer Arbeitsfläche ausbreiten und in zwölf etwa 20 cm große Quadrate schneiden. Teigplatten mit flüssiger Butter bestreichen und jeweils drei Teigblätter übereinanderlegen.

- Abwechselnd Spinat, Garnelen, Paprika und Nüsse in einem Streifen in die Teigmitte legen. Teigränder zur Mitte hin einklappen, zu einer Rolle formen. Auf ein mit Backpapier ausgelegtes Blech legen, mit restlicher Butter bestreichen. Im Ofen 12–15 Min. backen. Rollen halbieren und mit Paprikapüree anrichten.

Kalte Vorspeisen

Eine Timbale ist ein Ragout oder Püree, das in einer kleinen Tasse oder gestürzt serviert wird, eine Terrine ist eine Pastete ohne Teigmantel, eine Mousse ist eine schaumig-leichte Speise aus pürierten Zutaten – ach, jetzt sind Sie mal dran!

Gelierte Gazpacho

vegetarisch | gut vorzubereiten

8	**Portionen**
	Zubereitungszeit 45 Min.
	Kühlzeit 2 Std.
Pro Portion	**ca. 110 kcal, E 2 g, F 0 g, KH 3 g**

6 Blatt	weiße Gelatine
750 g	Tomaten
1	kleine Salatgurke
½–1	kleine rote Chilischote
2	Schalotten
1	kleine Stange Staudensellerie
½	Zitrone
	Salz
2 Stängel	Minze

Tipp
Die Chilischote gibt der Suppe die Schärfe, bitte vorsichtig verwenden.

• Die Gelatine in kaltem Wasser einweichen. Inzwischen die Tomaten mit kochendem Wasser übergießen, kalt abspülen und häuten. Die Tomaten halbieren, die Kerne mit einem Teelöffel entfernen. Das Fruchtfleisch grob zerkleinern.

• Die Gurke schälen, halbieren und die Kerne mit einem Teelöffel herauskratzen. Etwa ein Drittel von dem Fruchtfleisch ganz fein würfeln und beiseitestellen. Den Rest in grobe Würfel schneiden.

• Die Chilischote längs aufschneiden, entkernen, abspülen und sehr fein hacken (mit Küchenhandschuhen arbeiten!). Die Schalotten abziehen und fein würfeln. Den Staudensellerie putzen, abspülen und ebenfalls in feine Würfel schneiden.

• Die Zitrone auspressen. Tomaten, die groben Gurkenwürfel, Chili, Schalotten und Staudensellerie im Mixer pürieren und mit Salz und Zitronensaft abschmecken.

• Die Minze abspülen, trocken tupfen und die Blätter fein hacken. Etwa zwei Drittel davon unter die Gazpacho rühren.

• Die Gelatine ausdrücken und in 2 EL heißem Wasser auflösen. Flüssige Gelatine nach und nach mit dem Gemüsepüree verrühren. Die Gazpacho in kleine Espressotassen füllen und mindestens 2 Std. in den Kühlschrank stellen.

• Die restlichen Gurkenwürfel und gehackte Minze mischen, leicht salzen und die Gazpacho kurz vor dem Servieren damit bestreuen.

Gurkensuppe *mit Tomateneis*

vegetarisch | gut vorzubereiten | raffiniert

6	Portionen
	Zubereitungszeit 40 Min.
	Kühlzeit 3 Std. 30 Min.
	Gefrierzeit 1 Std. 25 Min.
Pro Portion	ca. 350 kcal, E 8 g, F 30 g, KH 11 g

1	Salatgurke (500 g)
1 Bund	Minze
500 g	Joghurt
5 EL	Olivenöl
	Salz, frisch gemahlener Pfeffer
500 g	reife Tomaten
½	Knoblauchzehe
150 g	Mayonnaise
1 EL	Senf
200 g	Sahne
6	Tomatenscheiben für die Deko

• Für die Gurkensuppe die Gurke schälen und in Stücke schneiden. Minze abspülen, trocken schütteln, die Blätter abzupfen und einige zum Garnieren beiseitelegen. Restliche Minzeblätter, Gurke, Joghurt und Öl in den Mixer geben und pürieren. Mit Salz und Pfeffer würzen. Etwa 2 Std. in den Kühlschrank stellen.

• Für das Tomateneis die Tomaten abspülen, vierteln und die Stielansätze entfernen. Knoblauch abziehen. Knoblauch und Tomatenviertel pürieren. Mayonnaise und Senf unterrühren und mit Salz und Pfeffer würzen. Etwa 1 Std. in den Kühlschrank stellen. Sahne leicht anschlagen, zur Tomatencreme geben und 20–25 Min. in der Eismaschine zu Eis verarbeiten. Anschließend 1 Std. ins Gefrierfach stellen. 30 Min. vor dem Servieren in den Kühlschrank stellen.

• Zum Servieren die kalte Suppe in Teller geben, mit einem Eisportionierer eine Kugel Tomateneis daraufsetzen und jeweils mit einer Tomatenscheibe und Minzeblättchen garnieren.

Tipps Beim Eiszubereiten ist es wichtig, dass alle Zutaten gut gekühlt sind.

Bitte die Gebrauchsanleitung der Eismaschine beachten. Wenn zu viel Masse in die Maschine kommt, reicht manchmal die Kühlkapazität nicht aus.

Lachs mit Honignüssen

schnell | einfach

6	**Portionen**
	Zubereitungszeit 30 Min.
Pro Portion	**ca. 335 kcal, E 17 g, F 23 g, KH 14 g**

⅛ l	Balsamessig
⅛ l	Apfelsaft
35 g	brauner Rohrzucker
75 g	Macadamianüsse
2–3 EL	Honig
150 g	gemischte Salatblätter (z. B. Babysalatblätter)
50 g	Zwiebelsprossen
3 EL	Macadamianuss-Öl
	Meersalz, frisch gemahlener Pfeffer
400 g	geräucherter Lachs in Scheiben
4 EL	Ziegenfrischkäse
4	Zitronenspalten für die Deko

• Für den Essigsirup Essig, Apfelsaft und Zucker in einen kleinen Topf geben und in etwa 10 Min. zu einem dickflüssigen Sirup einkochen lassen.

• Macadamianüsse und Honig in einer Pfanne ohne Fett goldbraun rösten. Die Mischung sofort auf ein Stück Backpapier geben, die Nüsse etwas auseinander- ziehen und auskühlen lassen.

• Salatblätter und Sprossen abspülen, in der Salatschleuder trocken schleudern und mit dem Öl, Meersalz und Pfeffer mischen. Salat, Lachs, Ziegenfrischkäse und die Honignüsse mit den Zitronenspalten auf sechs Tellern anrichten. Mit Essigsirup beträufeln und sofort servieren.

Tipps Falls Essigsirup übrig bleibt, diesen aufheben und als Salatsauce verwenden.

Der Sirup schmeckt auch köstlich auf Mozzarella- oder auf Feta-Käse- Scheiben.

Knoblauch-Panna-Cotta

gut vorzubereiten | für Gäste

6	**Portionen**
	Zubereitungszeit 30 Min.
	Kühlzeit 4 Std.
Pro Portion	**ca. 240 kcal, E 14 g, F 19 g, KH 5 g**

5 Blatt	weiße Gelatine	2 Stängel	Oregano
2–3	Knoblauchzehen	300 g	rohe Riesengarnelen-
250 g	Sahne		schwänze
250 g	Buttermilch	3 EL	Olivenöl
1 Handvoll	Basilikumblätter	2–3 EL	Zitronensaft
	Meersalz, frisch gemahlener		
	weißer und schwarzer Pfeffer		

• Die Gelatine in kaltem Wasser einweichen. Den Knoblauch abziehen. Sahne, Buttermilch, Knoblauch und Basilikum in den Mixer geben und pürieren, bis die Masse zartgrün und grün gesprenkelt ist. Mit Salz, weißem und schwarzem Pfeffer abschmecken.

• Die Gelatine leicht ausdrücken, in einem Topf auflösen und unterrühren. Sechs kleine Förmchen kalt ausspülen. Die Knoblauchsahne sofort in die Förmchen füllen. Mindestens 4 Std. (oder über Nacht) im Kühlschrank fest werden lassen.

• Vor dem Servieren Oregano abspülen, trocken schütteln und die Blätter hacken. Die Garnelenschwänze aus der Schale lösen, am Rücken entlang mit einem scharfen Messer einritzen, den schwarzen Darm entfernen und die Garnelen bis zur Schwanzspitze waagerecht einschneiden. Olivenöl erhitzen, die Garnelen- schwänze darin 2–3 Min. braten. Oregano dazugeben und darin schwenken. Mit Meersalz, Pfeffer und Zitronensaft abschmecken.

• Die Panna cotta mit einem spitzen Messer vom Förmchenrand lösen. Förm- chen kurz in heißes Wasser tauchen und die Panna cotta aus den Förmchen auf Portionsteller stürzen. Mit den Kräutergarnelen anrichten.

Variante Statt mit Basilikum wird die Panna cotta mit frischen Korianderblättern aroma- tisiert. Ein Teil der Sahne kann dann durch Kokosmilch ersetzt werden.

Tipp Die Panna cotta kann gut vorbereitet werden. Die Garnelen werden am besten frisch gebraten und warm zur Panna cotta serviert.

makrelencreme

Dipl.-Sozpäd.
Doris Harder
Koordinatorin

Berufliche Fortbildungszentren der
Bayerischen Wirtschaft (bfz) gGmbH
Lindau / Außenstelle Radolfzell
Robert-Gerwig-Straße 11
78315 Radolfzell

Telefon 07732 82036-27
Telefax 07732 82036-20
harder.doris@bob.bfz.de
www.bfz.de

... 5 g, KH 5 g

...ets

...se

...schote

½ Bund Schnittlauch

• Für die Creme Makrelenfilets eventuell von der Haut lösen und in Stücke teilen. Zusammen mit dem Frischkäse mit dem Stabmixer fein pürieren. Mit Zitronensaft abschmecken. Die Creme kalt stellen.

• Den Backofengrill oder den Backofen auf höchste Stufe vorheizen. Die Paprikaschoten vierteln, putzen, abspülen und mit der Hautseite nach oben auf ein Backblech legen. Unter dem Grill oder im Ofen grillen, bis die Haut schwarze Blasen wirft. Die Paprikaviertel in einen Gefrierbeutel geben, diesen fest verschließen und die Paprika abkühlen lassen.

• Die Paprikahaut abziehen und das Paprikafleisch in Streifen schneiden. Die Zwiebel abziehen und in feine Würfel schneiden. Den Schnittlauch abspülen und trocken schütteln.

• Die Paprikastreifen wie ein Quadrat auf Teller legen. Mit zwei Esslöffeln aus der Makrelencreme Nocken formen und in das Paprikaquadrat auf die Teller legen. Mit den Zwiebelwürfeln bestreuen und einige Schnittlauchhalme darauflegen.

Dazu Pumpernickeltaler

Tipps Milder schmeckt die Creme mit geräucherten Forellenfilets.

Gleich mehr Paprikaschoten abziehen. Dann mit Olivenöl, etwas Balsamessig und Meersalz auf geröstete Brotscheiben legen. Mit geschnittenen Basilikumblättchen bestreuen und zum Prosecco als Fingerfood servieren.

Spargelterrine

gut vorzubereiten | nicht ganz einfach

6 Portionen
Zubereitungszeit 1 Std.
Kühlzeit 12 Std.

Pro Portion ca. 440 kcal, E 8 g, F 41 g, KH 7 g

8 Stangen	grüner Spargel		Zucker
12 Stangen	weißer Spargel	200 g	Sahne
6 Blatt	weiße Gelatine	3	Eigelbe
	Salz	120 ml	trockener Weißwein
200 g	Vollmilchjoghurt		(z. B. Riesling)
200 g	Crème fraîche	100 g	Butter
1 EL	Zitronensaft		Tomaten und Basilikum-
1–2 TL	geriebener Meerrettich		blätter für die Deko
	(aus dem Glas)		

• Beide Spargelsorten kalt abspülen. Grünen Spargel nur im unteren Drittel schälen, weißen Spargel von oben nach unten schälen. Die Enden abschneiden.

• Eine Terrinenform in Länge der Spargelstangen mit Frischhaltefolie auslegen. Gelatine in kaltem Wasser einweichen. Wenig Salzwasser aufkochen. Beide Spargelsorten getrennt in etwa 10 Min. bissfest kochen. In Eiswasser abschrecken und auf Küchenkrepp abtropfen lassen bzw. trocken tupfen.

• Joghurt und Crème fraîche verrühren. Mit Zitronensaft, Meerrettich, Zucker und Salz kräftig abschmecken. Gelatine im heißen Wasserbad auflösen. Mit etwas Joghurtcreme verrühren und unter die Joghurtcreme rühren. Kalt stellen. Die Sahne steif schlagen. Wenn die Creme anfängt zu gelieren, die Sahne unterheben.

• Creme und Spargelstangen abwechselnd in die Form schichten. Mit Frischhaltefolie abdecken und mindestens 3 Std. (am besten 12 Std.) kalt stellen.

• Für den Weinschaum Eigelbe und Weißwein über dem heißen Wasserbad sehr schaumig schlagen. Butter in Flöckchen unterrühren, dabei weiterschlagen. Mit Salz und 1 Prise Zucker abschmecken und zur Terrine servieren. Mit Tomatenvierteln und Basilikumblättchen dekorieren.

Dazu Räucherlachs oder Parmaschinken

Tipp Die Terrine am besten mit einem Elektromesser in Scheiben schneiden.

Klassiker

Carpaccio mit Mayonnaise

Der Maler Vittorio Carpaccio hat dieser Vorspeise durch seine rot-
weißen Gemälde den Namen gegeben. Giuseppe Cipriani, Besitzer
der Harry's New York Bar, hat das Carpaccio 1950 erfunden.

6	**Portionen**
	Zubereitungszeit 20 Min.
	Gefrierzeit 50 Min.
Pro Portion	**ca. 220 kcal, E 10 g, F 20 g, KH 1 g**

400 g	Ochsenfilet
2	frische Eigelbe
2 EL	Zitronensaft
1 TL	Senf
	Olivenöl
evtl. 1 EL	Cognac
1 Spritzer	Worcestersauce
	Meersalz, schwarze Pfefferkörner

• Das Ochsenfilet fest in Frischhaltefolie wickeln (Step 1), im Gefriergerät in
etwa 50 Min. anfrieren lassen, dann hauchdünn aufschneiden oder vom Metz-
ger aufschneiden und auf eine Platte legen lassen (Step 2).

• Für die Mayonnaise Eigelbe, Zitronensaft und Senf mischen. 150 ml Olivenöl
erst langsam, dann in einem dünnen Strahl mit einem Schneebesen oder mit
den Quirlen des Handrührgerätes unterrühren.

• Die Mayonnaise mit Cognac, Worcestersauce und Meersalz abschmecken.
Wenn die Mayonnaise zu fest ist, etwas Zitronensaft oder noch einen Schuss
Cognac unterrühren.

• Etwas Olivenöl auf eine Platte träufeln (Step 3) und 1 gute Prise Meersalz
daraufstreuen. Die Fleischscheiben darauf flächig verteilen. Die Pfefferkörner
in einem Mörser grob zerstoßen. Das Carpaccio mit der Mayonnaise beträufeln
und mit gestoßenem Pfeffer bestreuen.

Dazu   dünne Baguettescheiben

Tipps

Schön sieht es aus, das Carpaccio auf Raukeblättern anzurichten. Das Carpaccio wird mit Mayonnaise beträufelt – da bleibt sicher etwas übrig. Die restliche Mayonnaise dann extra servieren.

Pute in Aspik

braucht Zeit | für Gäste

6	**Portionen**		
	Zubereitungszeit 50 Min.		
	Kühlzeit 3 Std.		
Pro Portion	ca. 170 kcal, E 19 g, F 8 g, KH 3 g		

10 Blatt	weiße Gelatine	1–2 TL+1 EL	Zitronensaft
300 g	Putenschnitzel	2–3 Stängel	Basilikum
950 ml	Geflügelfond (aus dem Glas)	400 g	Staudensellerie
1 Briefchen	gemahlener Safran	20 g	Butter
	Salz, frisch gemahlener Pfeffer	100 g	Sahne

• Die Gelatine in kaltem Wasser einweichen. Die Putenschnitzel abspülen, trocken tupfen und in kleine Stücke schneiden. ¾ l Geflügelfond und Safran aufkochen, das Fleisch dazugeben und 3–4 Min. kochen lassen, bis es gar ist. Herausnehmen und abtropfen lassen.

• Für den Aspik Gelatine ausdrücken und im heißen Fond unter Rühren auflösen. Mit Salz, Pfeffer und 1–2 TL Zitronensaft kräftig würzen.

• Sechs Timbaleförmchen (150 ml Inhalt) kalt ausspülen. Das Basilikum abspülen, trocken schütteln, die Blätter in feine Streifen schneiden und auf die Förmchen verteilen. Das Fleisch daraufgeben und mit der Aspikflüssigkeit auffüllen. Die Förmchen mindestens 3 Std. in den Kühlschrank stellen und den Aspik fest werden lassen.

• Für die Selleriesauce den Staudensellerie abspülen, putzen und fein würfeln. Butter erhitzen, den Sellerie darin andünsten. Restlichen Geflügelfond dazugießen und zugedeckt etwa 20 Min. kochen lassen.

• Durch ein Sieb gießen (Selleriewürfel eventuell für Salat aufheben). Sahne zum Fond gießen und mit Salz, Pfeffer und restlichem Zitronensaft abschmecken. Flüssigkeit offen um etwa ein Drittel einkochen, dann lauwarm abkühlen lassen.

• Aspik mit einem spitzen Messer vom Förmchenrand lösen. Die Förmchen kurz in heißes Wasser tauchen und den Aspik auf tiefe Teller stürzen. Die Selleriesauce eventuell mit dem Stabmixer aufschäumen und zum Aspik servieren.

Schweineschulter *mit Gelee*

gut vorzubereiten | einfach

8 Portionen
Zubereitungszeit 1 Std. 15 Min.
Kühlzeit 16 Std.

Pro Portion ca. 190 kcal, E 20 g, F 20 g, KH 0 g

1	Bio-Orange
1 kg	Schweineschulter
500 g	Schweineknochen
1	Schweinefuß (beim Metzger bestellen)
1 EL	grobes Meersalz
1 TL	schwarze Pfefferkörner
je 2	Pimentkörner und Wacholderbeeren
1	kleine rote Chilischote
1	Lorbeerblatt
100 g	Kapernäpfel mit Einlegflüssigkeit (aus dem Glas)

● Die Orange abspülen, trocken reiben und die Schale dünn abschneiden. Schweineschulter, Knochen, Schweinefuß, Meersalz, Pfeffer- und Pimentkörner, Wacholderbeeren, Chilischote, Lorbeerblatt, Orangenschale und 1 l Wasser in einen Topf geben, langsam aufkochen und den Schaum abschöpfen. Alles bei kleiner Hitze 1 Std. gerade eben kochen lassen.

● Das Fleisch im Sud 12 Std. (oder über Nacht) abkühlen lassen. Am nächsten Tag aus dem Sud nehmen, trocken tupfen und in feine Scheiben schneiden.

● Den Sud entfetten, durch ein feines Sieb in einen Topf gießen und auf die Hälfte einkochen lassen. Mit 1 EL Kapernflüssigkeit und Salz kräftig abschmecken und in einem flachen Gefäß im Kühlschrank in mindestens 4 Std. fest werden lassen.

● Das Gelee in Würfel schneiden und mit dem Fleisch und den Kapernfrüchten anrichten. Eventuell mit grobem Meersalz bestreuen.

Dazu schmeckt Aioli aus dem Glas oder Mayonnaise mit etwas zerdrücktem Knoblauch und Joghurt verrührt.

Tipps Die dünnen Fleischscheiben mit Gelee als Tapas zum Sherry servieren.

Aspikflüssigkeit muss sehr kräftig abgeschmeckt werden, weil sie nach dem Erkalten immer etwas milder – und eben manchmal nicht gut genug gewürzt – schmeckt.

Manchego-Mousse

gut vorzubereiten | einfach

6	**Portionen**
	Zubereitungszeit 30 Min.
	Kühlzeit 3 Std.
Pro Portion	**ca. 330 kcal, E 21 g, F 27 g, KH 1 g**

4 Blatt	weiße Gelatine
2 Stück	Manchego-Käse (à 150 g)
150 g	Sahne
2	Eier
	etwas körnige Brühe (Instant)
	Salz, frisch gemahlener Pfeffer
	evtl. schwarze Oliven

• Gelatine in kaltem Wasser einweichen. 1 Stück Käse reiben und zusammen mit der Sahne langsam unter Rühren erhitzen, bis der Käse geschmolzen ist. Das andere Stück in Scheiben schneiden und beiseitelegen. Eine schmale Kasten- oder Auflaufform mit Frischhaltefolie auslegen.

• Die Sahne etwas abkühlen lassen. Die Eier trennen. Eigelbe vorsichtig mit einem Schneebesen unterrühren. Die Gelatine gut ausdrücken und unter Rühren in der warmen Sahnemischung auflösen.

• Eiweiße steif schlagen und unter die Käsesahne heben. Die Mousse mit etwas Brühe, Salz und Pfeffer abschmecken und in die Form füllen. Abgedeckt mindestens 2–3 Std. in den Kühlschrank stellen.

• Die Mousse aus der Form auf eine Platte stürzen, in Scheiben schneiden und mit den übrigen Käsescheiben anrichten. Eventuell mit Oliven servieren.

Tipps Die Mousse-Menge ist nicht besonders üppig. Für hungrige Gäste und als einzige Vorspeise reicht dieses Rezept nur für 4 Portionen. Die Käsemenge dazu kann eventuell auch erhöht werden.

So ist es ein Tapa-Rezept und kann mit anderen spanischen Spezialitäten, z. B. Scharfe Hackbällchen (Seite 125), Gazpacho (Seite 49) serviert werden.

Käse-Wein-Mousse

für Gäste | gut vorzubereiten

8	**Portionen**
	Zubereitungszeit 1 Std. 20 Min.
	Kühlzeit 12 Std.
Pro Portion	**ca. 300 kcal, E 6 g, F 24 g, KH 9 g**

5 Blatt	weiße Gelatine	1 TL	Rosmarinnadeln
200 ml	Gewürztraminer-Wein	1–2 TL	Puderzucker
100 g	Crème fraîche	2 EL	Zucker
	Salz	30 g	Walnusskerne
375 g	Sahne		etwas Öl für die Folie
100 g	Roquefort-Käse		Rosmarin für die Deko
250 g	Brombeeren		

• Für die Wein-Mousse 3 Blatt Gelatine in kaltem Wasser einweichen. Wein auf die Hälfte einkochen lassen. Gelatine ausdrücken und darin auflösen. Crème fraîche unterrühren und salzen. Sobald die Creme anfängt, fest zu werden, 125 g Sahne steif schlagen, unterheben und die Mousse auf acht Tassen (à 100 ml Inhalt) verteilen. Die Mousse in den Kühschrank stellen.

• Für die Käse-Mousse 2 Blatt Gelatine in kaltem Wasser einweichen. Käse und 100 g Sahne unter Rühren erwärmen, bis sich der Käse aufgelöst hat. Nicht kochen lassen. Gelatine ausdrücken, in der Mischung auflösen und abkühlen lassen. Sobald die Käsecreme anfängt, fest zu werden, die restliche Sahne steif schlagen und unterheben. Die Käse-Mousse auf die Wein-Mousse in die Tassen füllen und mindestens 3 Std. (besser 12 Std.) kalt stellen.

• Für die Brombeersauce die Beeren abspülen, putzen und mit einem Kartoffel-stampfer oder einer Gabel zerdrücken. Rosmarinnadeln grob hacken, unter das Beerenpüree mischen und 30 Min. stehen lassen. Das Püree durch ein feines Sieb streichen und mit Puderzucker und Salz abschmecken.

• Für die Karamell-Nüsse den Zucker in einer Pfanne karamellisieren lassen. Pfanne von der Herdplatte nehmen. Nusshälften unterrühren, mit einer Gabel einzeln aus der Pfanne heben und auf ein mit Öl bestrichenes Stück Alufolie legen.

• Die Mousse mit einem spitzen Messer vom Tassenrand lösen. Tassen kurz in heißes Wasser tauchen und die Mousse auf eine Platte stürzen. Etwas Brombeersauce darauf verteilen. Nüsse darüberstreuen und mit Rosmarin verzieren.

Tipp Schmeckt als Dessert oder als Vorspeise.

Marinierter Mozzarella

einfach | schnell

2	**Portionen**
	Zubereitungszeit 20 Min.
	Kühlzeit 30 Min.
Pro Portion	**ca. 445 kcal, E 27 g, F 36 g, KH 3 g**

1 Rolle	Mozzarella (200 g)
1 Bund	Rauke
	Salz
80 g	Parmaschinken
1–2 EL	Zitronensaft
3–4 EL	Olivenöl
	Zitronenpfeffer

• Den Mozzarella abtropfen lassen und der Länge nach zweimal durchschneiden. Die Rauke abspülen, trocken schleudern und einige Blätter für die Dekoration beiseitelegen. Die restliche Rauke fein hacken und leicht salzen.

• Die Rauke zwischen den Mozzarellascheiben verteilen und alles mit den Schinkenscheiben fest umwickeln. In Frischhaltefolie gewickelt mindestens 30 Min. in den Kühlschrank legen.

• Für die Zitronenmarinade Zitronensaft, Öl und 50 ml Wasser verquirlen und mit Salz und Zitronenpfeffer abschmecken.

• Die Mozzarellarolle vorsichtig in fingerdicke Scheiben schneiden und die Scheiben auf einer kleinen Platte anrichten. Die Zitronenmarinade darüberträufeln. Mit den restlichen Raukeblättern belegen und servieren.

Dazu Baguette

Tipp Die Rollen auf Raukesalat anrichten. Dann für den Salat eine Vinaigrette aus 2 EL Balsamessig, 2 EL Olivenöl, 1 TL Senf, 2 EL Orangensaft und 1 Prise Zucker rühren. Die Vinaigrette mit Salz und Zitronenpfeffer abschmecken. Mit 100 g Rauke mischen und die Mozzarellascheiben darauf anrichten.

Gorgonzolaterrine mit Trauben

raffiniert | für Gäste

4	**Portionen**
	Zubereitungszeit 35 Min.
	Kühlzeit 12 Std.
Pro Portion	ca. 220 kcal, E 10 g, F 16 g, KH 10 g

3 Blatt	weiße Gelatine	2 EL	Traubenkernöl
150 ml	Milch	2 EL	Weißweinessig
120 g	cremiger Gorgonzola-Käse		je einige Blätter Friséesalat
	Salz, frisch gemahlener Pfeffer		und Rauke
1	Eiweiß		
je 100 g	grüne und hellrote Weintrauben		

● Für die Terrine Gelatine in kaltem Wasser einweichen. Die Milch erwärmen. Die Gelatine ausdrücken und in der Milch auflösen. Den Gorgonzola dazugeben und mit dem Stabmixer pürieren. Mit Salz und Pfeffer abschmecken und etwa 20 Min. in den Kühlschrank stellen.

● Eine kleine Kastenform oder vier kleine Timbaleförmchen oder Tassen (125 ml Inhalt) mit Frischhaltefolie auslegen. Eiweiß steif schlagen. Wenn die Gorgonzolacreme anfängt, fest zu werden den Eischnee vorsichtig unterheben. Die Gorgonzolacreme in die Form füllen und mindestens 4 Std. (besser 12 Std.) in den Kühlschrank stellen.

● Für den Traubensalat die Trauben kalt abspülen. Das Öl in einer Pfanne erhitzen, die Trauben dazugeben und etwa 3 Min. andünsten. Den Essig dazugeben und mit Salz und Pfeffer würzen. Die Frisée- und Raukeblätter putzen, abspülen, trocken tupfen und mit den Trauben mischen.

● Die Gorgonzolaterrine auf einen Teller stürzen und die Folie abziehen. In Scheiben schneiden, mit dem Traubensalat anrichten und servieren.

Dazu gut gekühlter Sherry (Cream)

Tipp Die Zutatenmenge für den Traubensalat verdoppeln und statt zur Terrine zu einer Scheibe Gorgonzola (pro Portion ca. 40 g) servieren. Das ist übrigens auch ein raffiniertes herzhaftes Dessert!

Basilikum-Timbalen mit Lachs

einfach | gut vorzubereiten

4	**Portionen**		
	Zubereitungszeit 40 Min.		
	Kühlzeit 12 Std.		
Pro Portion	ca. 250 kcal, E 17 g, F 14 g, KH 14 g		

4 Blatt	weiße Gelatine		Zucker
½	Bio-Zitrone	2 Bund	Basilikum
350 g	Joghurt (1,5 % Fett)	200 g	Graved Lachs im Stück
100 g	Crème fraîche	100 g	Graved-Lachs-Sauce
	Salz, frisch gemahlener Pfeffer		(Fertigprodukt)
2 TL	grüner Tabasco		

• Für die Basilikum-Timbale die Gelatine in kaltem Wasser einweichen. Zitrone heiß abspülen, trocken reiben und die Schale fein abreiben.

• Joghurt und Crème fraîche verrühren und mit etwas abgeriebener Zitronen-schale, Salz, Pfeffer, Tabasco und Zucker kräftig abschmecken.

• Die Gelatine ausdrücken und über dem heißen Wasserbad auflösen. Gelatine unter den Joghurt rühren. Den Joghurt kalt stellen.

• Inzwischen das Basilikum abspülen und trocken schütteln. Die Blätter abzup-fen, einige für die Deko beiseitelegen und den Rest in sehr feine Streifen schnei-den. Wenn der Joghurt zu gelieren beginnt, die Basilikumstreifen unterrühren.

• Vier Timbaleförmchen oder Espressotassen mit kaltem Wasser ausspülen und mit der Joghurtreme füllen. In 12 Std. im Kühlschrank fest werden lassen.

• Graved Lachs würfeln. Zum Servieren das Gelee mit einem spitzen Messer vom Förmchenrand lösen. Förmchen kurz in heißes Wasser tauchen und die Basili-kum-Timbale auf ein großes Basilikumblatt stürzen. Zusammen mit Lachswürfeln und restlichen Basilikumblättchen anrichten. Graved-Lachs-Sauce dazu servieren.

Dazu Baguette oder Schwarzbrot

Variante Auf den Lachs verzichten und die Timbalen mit gewürfelten Tomaten anrichten.

Tipp Cremes mit Gelatine müssen zum Festwerden kalt gestellt werden. Bei Zimmertemperatur dauert es sehr lange, bis die Gelatine fest wird.

Avocadosalsa

vegetarisch | schnell

4	**Portionen**
	Zubereitungszeit 25 Min.
Pro Portion	ca. 230 kcal, E 2 g, F 20 g, KH 11 g

2	Zitronen
2	reife Avocados (à 170 g)
2	Lauchzwiebeln
1	Chilischote
1 Bund	Basilikum
1–2 EL	Orangenmarmelade
2 EL	Olivenöl
	Salz, frisch gemahlener Pfeffer

• Die Zitronen auspressen. Die Avocados halbieren und den Stein entfernen. Die Hälften schälen, das Fruchtfleisch in Würfel schneiden und sofort mit Zitronensaft beträufeln, damit es nicht braun wird.

• Die Lauchzwiebeln putzen, abspülen und fein würfeln. Die Chilischote längs aufschneiden, entkernen, abspülen und fein hacken (dabei mit Küchenhandschuhen arbeiten!).

• Das Basilikum abspülen, trocken schütteln und die Blätter in feine Streifen schneiden. Die Orangenmarmelade leicht erwärmen und glatt rühren, gehackten Chili und Öl unterrühren. Mit Salz und Pfeffer würzen.

• Avocadowürfel, Lauchzwiebeln, Basilikum und Orangensauce vorsichtig mischen. In hohe Gläser füllen und bis zum Servieren kalt stellen.

Tipps Avocadosalsa nicht lange stehen lassen, sie wird leicht braun.

Schmeckt auch auf Ciabatta oder Baguette oder auch zum Dippen mit Chips oder Tacos.

Auch gut: Die Avocadosalsa abwechselnd mit Tomaten- und Mozzarellascheiben in ein Glas oder ein Dessertschälchen schichten und servieren.

Tomatensorbet

vegetarisch | braucht Zeit

6	**Portionen**
	Zubereitungszeit
	Gefrierzeit 3 Std. 30 Min.
Pro Portion	**ca. 20 kcal, E 1 g, F 0 g, KH 3 g**

500 g	vollreife Tomaten (Tipp)
2	kleine rote Chilischoten
2 Stängel	Minze
	Salz
1–2 EL	Zitronensaft
etwa 1 TL	flüssiger Honig

• Tomaten mit kochendem Wasser übergießen, kalt abspülen und häuten. Tomaten halbieren und die Kerne mit einem Teelöffel entfernen. Die Stielansätze entfernen.

• Chilischoten längs aufschneiden, entkernen, abspülen und klein schneiden (dabei mit Küchenhandschuhen arbeiten!). Minze abspülen, trocken schütteln und die Blätter abzupfen.

• Tomaten, Chili und Minze im Mixer oder mit dem Stabmixer pürieren. Mit Salz, Zitronensaft und Honig abschmecken.

• Die Masse in der Eismaschine gefrieren lassen oder in eine Metallschüssel füllen und 1 Std. in das Gefrierfach stellen. Mit einem Schneebesen durchrühren und weitere 2 Std. gefrieren lassen, dabei alle 20 Min. durchrühren. Das Sorbet mit einem Stabmixer durchrühren, noch 30 Min. gefrieren lassen und servieren.

Tipps Das Sorbet als Vorspeise an heißen Tagen oder als Zwischengang bei einem Menü servieren.

Das Sorbet schmeckt am besten, wenn es aus reifen und aromatischen Freilandtomaten zubereitet wird. Sonst lieber Dosentomaten verwenden.

Wenn das Sorbet zu fest wird, die Schüssel kurz bei Zimmertemperatur stehen lassen und das Sorbet mit einem Stabmixer kräftig aufschlagen.

Tomaten-Rotwein-Gelee

braucht Zeit | für Gäste

6	Portionen
	Zubereitungszeit 25 Min.
	Abtropfzeit 12 Std.
	Gelierzeit 12 Std.
Pro Portion	ca. 33 kcal, E 5 g, F 0 g, KH 2 g

2 kg	reife Tomaten
1 TL	Korianderkörner
6 EL	weißer Balsamessig
	Meersalz, frisch gemahlener weißer Pfeffer
50 ml	Rotwein (nicht zu trocken)
14 Blatt	weiße Gelatine

• Tomaten abspülen und die Stielansätze entfernen. Die Tomaten grob würfeln. Korianderkörner im Mörser zerstoßen. Tomatenwürfel, Essig, 2 TL Meersalz, Korianderkörner und Pfeffer mit dem Stabmixer fein pürieren.

• Ein Sieb oder einen Durchschlag mit einem sauberen Geschirr- oder Passiertuch auslegen und in eine Schüssel oder einen Topf stellen. Das Tomatenpüree in das Sieb geben. Den Fond über Nacht im Kühlschrank abtropfen lassen.

• 1 l klaren Tomatenfond abmessen. Etwa 300 ml davon abnehmen und mit dem Rotwein mischen. Einmal 9 und einmal 5 Blatt Gelatine getrennt in kaltem Wasser einweichen. 100 ml Tomatenfond erhitzen. 9 Blatt Gelatine ausdrücken und darin auflösen und zum Tomatenfond geben. Rotwein-Tomaten-Fond erhitzen. 5 Blatt Gelatine ausdrücken und darin auflösen. Beide Fonds mit Salz und Essig kräftig abschmecken.

• Zuerst das helle Tomatengelee in Gläser füllen, im Kühlschrank fest werden lassen (Rest draußen stehen lassen), eine dünnere Schicht rotes Gelee daraufgeben, wieder im Kühlschrank fest werden lassen und noch einmal helles und rotes Gelee auf das jeweils erstarrte Gelee geben. Mindestens 4 Std. (besser 12 Std.) in den Kühlschrank stellen, bis alle Schichten fest sind.

Tipps Dazu schmeckt Crème fraîche mit Zitronensaft und etwas Salz und eventuell zerdrücktem Knoblauch verrührt.

Einfacher ist es, die Vorspeise ohne die Farbschichten und nur mit dem klaren Tomatenfond zuzubereiten.

Exotischer Süßkartoffelsalat

vegetarisch | raffiniert

4	**Portionen**
	Zubereitungszeit 35 Min.
Pro Portion	**ca. 220 kcal, E 6 g, F 10 g, KH 25 g**

800 g	Süßkartoffeln
	Salz
3	Baumtomaten (Tamarillos)
	grobes Meersalz
3 EL	Kürbiskernöl
30 g	Parmesan-Käse

• Süßkartoffeln abspülen und mit Schale in einem Topf mit Salzwasser knapp 20 Min. kochen. Die Kartoffeln pellen und abkühlen lassen. Die kalten Kartoffeln in Scheiben schneiden.

• Die Baumtomaten mit kochendem Wasser übergießen, kalt abspülen und häuten. Die Tomaten in Scheiben schneiden.

• Kartoffel- und Baumtomatenscheiben auf Portionstellern oder einer Platte anrichten und mit grobem Meersalz bestreuen. Die Scheiben mit Kürbiskernöl beträufeln. Den Parmesan-Käse mit einem Sparschäler in Späne hobeln und den Salat damit bestreuen.

Tipps Kartoffeln lassen sich am besten in schöne Scheiben schneiden, wenn man sie über Nacht abkühlen lässt.

Tamarillos erinnern durch ihre rote Farbe und durch die Kerne im Inneren an Tomaten, aber auch botanisch sind es Nachtschattengewächse.

Tamarillos kommen das ganze Jahr über aus Südamerika, im Spätsommer reifen sie auch in Südeuropa. Sie schmecken herb-süß und müssen unbedingt reif sein. Sie sollten bei leichtem Druck nachgeben und schön dunkelrot gefärbt sein.

Weißweinzwiebeln

vegetarisch | einfach | gut vorzubereiten

4	**Portionen**
	Zubereitungszeit 35 Min.
Pro Portion	ca. 220 kcal, E 6 g, F 11 g, KH 9 g

250 g	kleine Zwiebeln (z. B. runde Schalotten)
½ l	Weißwein
100 ml	Weißweinessig
100 g	Zucker
1–2 TL	Kreuzkümmel (Kumin)
4 Stängel	Oregano
1 EL	schwarze Pfefferkörner
1	kleiner Lorbeerzweig
80 g	Roquefort-Käse
3–4 EL	Sahne
20 g	gemahlene Mandeln
2 EL	weißer Portwein

• Die Zwiebeln abziehen. Für den Weißweinsud Wein, Essig, Zucker, Kreuzkümmel, Oregano, Pfefferkörner und Lorbeerzweig in einen Topf geben und aufkochen.

• Die Zwiebeln in den Sud geben und je nach Größe 10–15 Min. kochen, bis sie weich sind. Den Topf vom Herd nehmen. Die Zwiebeln im Sud abkühlen lassen.

• Für die Roquefortcreme den Käse durch ein feines Sieb streichen und mit Sahne, Mandeln und Portwein gut verrühren.

• Die Zwiebeln aus dem Sud nehmen, in einem Sieb abtropfen lassen und halbieren. Die Schnittflächen der Zwiebeln jeweils mit etwas Käsecreme bestreichen.

• Die Zwiebeln mit den Lorbeerblättern aus dem Kochsud anrichten. Den Kochsud eventuell noch etwas einkochen lassen und über die Zwiebeln träufeln.

Tipps Den Weißweinsud auf alle Fälle in einem Schraubdeckelglas aufheben. Er eignet sich gut als Basis für Salatsaucen.

Gleich mehr Zwiebeln machen und mit dem Sud im Schraubdeckelglas im Kühlschrank aufbewahren. Sie sind eine tolle Beilage zu Braten, Pasteten oder Schnittkäse.

Reiskugeln mit Kochschinken

einfach | gut vorzubereiten

8	**Portionen**
	Zubereitungszeit
Pro Portion	**ca. 210 kcal, E 12 g, F 3 g, KH 33 g**

2	Schalotten
2	Knoblauchzehen
300 g	Basmati-Reis
1 Stück	frischer Ingwer (ca. 2 cm)
150 g	frische Ananas
½	rote Paprikaschote
½ Bund	glatte Petersilie
2 EL	Kerbelblätter
	Tabasco
	Salz
8 Scheiben	gekochter Schinken (à 50 g)

• Schalotten und Knoblauch abziehen und fein würfeln. Den Reis mit ¾ l Wasser, Schalotten und Knoblauch aufkochen und 2 Min. kochen lassen. Zugedeckt auf der ausgeschalteten Herdplatte 20 Min. ausquellen, dann abkühlen lassen.

• Ingwer und Ananas schälen und fein würfeln. Die Paprikaschote putzen, entkernen, abspülen und ebenfalls fein würfeln.

• Petersilie und Kerbel abspülen, trocken schütteln und die Blätter fein hacken. Alles unter den abgekühlten Reis heben und mit Tabasco und Salz kräftig würzen.

• Mit einem Eisportionierer Kugeln aus dem Reissalat formen und auf einer Platte anrichten. Den Schinken dazu servieren.

Tipps Eine prima Vorspeise, wenn am Vortag Reis übrig geblieben ist. Genauso gut passen auch Erbsen und feine Birnenwürfel unter den Reis.

Die Zutaten müssen wirklich fein gewürfelt werden, sonst halten die Kugeln nicht zusammen.

Wenn sich der Reis nicht so gut formen lässt, einen Löffel Mayonnaise oder Salatcreme unter die Mischung rühren.

Noch einfacher: Den Reis in die Schinkenscheiben rollen.

Papaya-Carpaccio mit Garnelen

schnell | einfach

4 Portionen
Zubereitungszeit 35 Min.
Pro Portion ca. 240 kcal, E 17 g, F 13 g, KH 15 g

2	reife Papayas	2	Knoblauchzehen
2	grüne Chilischoten	200 g	Tomaten
2 EL	chinesische Fischsauce (oder Sojasauce)	1 Topf	Koriander
		3 EL	Sesamöl
1 EL	Zucker		Salz, frisch gemahlener Pfeffer
4–5 EL	Limettensaft	2 EL	gehackte Erdnüsse
200 g	geschälte Tiefseegarnelen		

• Die Papayas schälen, halbieren und die Kerne mit einem Löffel entfernen. Das Fruchtfleisch in dünne Scheiben schneiden und portionsweise auf Teller legen.

• Die Chilischoten längs aufschneiden, entkernen, abspülen und in feine Streifen schneiden (dabei mit Küchenhandschuhen arbeiten!).

• Die Fischsauce, Zucker, Limettensaft und Chilistreifen verrühren und die Garnelen darin 10 Min. marinieren lassen.

• Inzwischen den Knoblauch abziehen und hacken. Die Tomaten mit kochendem Wasser überbrühen, kalt abspülen und häuten. Die Tomaten vierteln, die Kerne mit einem Teelöffel entfernen und das Fruchtfleisch fein würfeln. Das Koriandergrün abspülen, trocken schütteln und die Blätter abzupfen.

• Das Sesamöl in einer Pfanne erhitzen und den Knoblauch darin kurz anbraten. Die Garnelen mit der Marinade dazugeben und kurz braten. Die Tomatenwürfel und Korianderblätter dazugeben, mit Salz und Pfeffer würzen.

• Die Garnelen mit dem Sud aus der Pfanne auf die Papayas geben, mit den Erdnüssen bestreuen und sofort servieren.

Tipps Die gebratenen Garnelen schmecken auch auf Mangoscheiben oder gekochtem grünem Spargel sehr gut.

Die Papayas müssen für dieses Rezept optimal gereift sein. Die beste Qualität haben Flug-Papayas. Allerdings sind sie teuer!

Fenchelsalat

vegetarisch | schnell

4	**Portionen**
	Zubereitungszeit 30 Min.
Pro Portion	**ca. 115 kcal, E 5 g, F 8 g, KH 10 g**

3	Fenchelknollen (à 300 g)
	Salz
2 EL	Korinthen
1 TL	Senf
1 EL	Obstessig
	Zucker
3 EL	Rapskernöl

• Den Fenchel putzen, die äußeren Blätter eventuell entfernen und etwas von dem zarten Grün beiseitelegen. Die Fenchelknollen abspülen, halbieren und den Strunk keilförmig herausschneiden. Den Fenchel in feine Scheiben schneiden oder auf der Gemüsereibe hobeln.

• Etwa 1 l Salzwasser aufkochen, Fenchelscheiben dazugeben und einmal aufkochen, dann in ein Sieb gießen und dabei etwa 60 ml Fenchelsud auffangen. Die Korinthen heiß abspülen und abtropfen lassen. Das Fenchelgrün fein hacken.

• Für das Dressing Senf, Essig, 1 große Prise Zucker und Salz verrühren. Das Öl in feinem Strahl dazugeben und mit einer Gabel unterschlagen. 60 ml Fenchelsud, die Korinthen und das Fenchelgrün unterrühren. Die Fenchelscheiben und das Dressing mischen. Den Salat kalt oder warm servieren.

Dazu frisches Vollkornbrot oder getoastetes Bauernbrot

Tipps Das Fenchelwasser schmeckt sehr aromatisch und verfeinert nicht nur das Dressing. Es kann auch zum Kochen von Kartoffel- oder Fenchelsuppe verwendet werden. Noch mehr Power bekommt das Kochwasser, wenn 1 Beutel Fencheltee mitgekocht wird, der macht auch den Fenchel aromatischer.

Der Fenchelsalat verträgt auch zusätzlich noch ein paar Mozzarellascheiben, gekochten Schinken oder ein paar Parmesanspäne.

Mini-Gemüse-Antipasti

vegetarisch | für Gäste

4	**Portionen**
	Zubereitungszeit 40 Min.
Pro Portion	**ca. 180 kcal, E 3 g, F 16 g, KH 8 g**

je 200 g	Mini-Möhren, -Zucchini, -Paprika, -Kürbis (Pattypan), -Lauchzwiebeln
	grobes Meersalz
3 EL	Olivenöl
je ½ Bund	Kerbel und Petersilie
1 Stängel	Estragon
½	Orange
1 TL	mittelscharfer Senf
1 EL	Sherryessig
3 EL	Sonnenblumenöl
	frisch gemahlener Pfeffer

• Das Gemüse putzen und abspülen. Zucchini, Paprika und Kürbisse halbieren. Salzwasser aufkochen. Möhren dazugeben und 3–4 Min. kochen, dann in ein Sieb gießen, kalt abspülen und gut abtropfen lassen.

• Olivenöl in einer Grillpfanne erhitzen, das restliche Gemüse darin portionsweise von allen Seiten anbraten. Salzen und abkühlen lassen.

• Für die Kräutersauce die Kräuter abspülen, trocken schütteln und die Blätter abzupfen. Die Orange auspressen. Kräuter, Senf, Essig und Sonnenblumenöl im Mixer fein pürieren. Orangensaft unterrühren und mit grobem Meersalz und Pfeffer abschmecken. Die Sauce zum Gemüse servieren.

Tipps Statt Kräutersauce eine Vinaigrette aus je 3 EL Balsamessig, Apfelsaft, Olivenöl und je 1 TL Senf und Ahornsirup rühren. Mit Salz und Pfeffer abschmecken und über das Gemüse geben.

Statt Gemüse im Miniformat normal großes Gemüse nehmen und in mundgerechte Stücke schneiden.

Kürbis-Carpaccio mit Pesto

vegetarisch | schnell | einfach

4	Portionen
	Zubereitungszeit 25 Min.
Pro Portion	ca. 250 kcal, E 8 g, F 23 g, KH 5 g

½	Zitrone	2 EL	Kürbiskernöl
100 g	Kürbiskerne	1–2 EL	flüssiger Honig
4	Lauchzwiebeln		Salz, frisch gemahlener Pfeffer
1 Stück	frischer Ingwer (ca. 2 cm)	300 g	Kürbis
1	Knoblauchzehe	1 Stück	frischer Meerrettich (ca. 3 cm)
4 EL	Distelöl	50 g	Parmesan-Käse
4 EL	Olivenöl		

• Für das Kürbiskern-Pesto die Zitrone auspressen. Die Kürbiskerne im Blitzhacker fein mahlen. Die Lauchzwiebeln putzen, abspülen, grob zerkleinern und ebenfalls im Blitzhacker klein hacken. Den Ingwer schälen und fein hacken. Den Knoblauch abziehen und durch die Knoblauchpresse drücken.

• Kürbiskerne, Lauchzwiebeln, die drei Ölsorten, Ingwer, Knoblauch und Honig verrühren. Das Pesto mit Salz, Pfeffer und Zitronensaft abschmecken.

• Für das Kürbis-Carpaccio den Kürbis schälen, die Kerne und Fasern mit einem Löffel entfernen. Den Kürbis auf einer Gemüsereibe in dünne Streifen hobeln.

• Den Kürbis auf Tellern anrichten und mit Kürbiskern-Pesto beträufeln. Den Meerrettich schälen und fein hobeln. Parmesan mit einem Sparschäler in Späne hobeln und zusammen mit dem Meerrettich über das Carpaccio streuen.

Tipps Das Pesto schmeckt intensiver, wenn die Kürbiskerne vor dem Verarbeiten geröstet werden. Übrigens sind Kerne und Nüsse durch das Rösten länger haltbar und werden nicht so schnell ranzig. Besonders gut funktioniert das mit Pinienkernen.

Restliches Pesto in ein Schraubdeckelglas füllen und mit etwas Öl beträufeln. So hält es sich noch eine Woche im Kühlschrank frisch.

Fingerfood

... nennt man alles, was nicht nur mit den Fingern gegessen werden darf, sondern soll! Falls das Kind in Ihnen jetzt noch nicht jubelt, haben wir noch ein Argument: Fingerfood ist ideal für Fernsehabende, Partys oder Grillfeste!

Spargelpizzen

braucht etwas Zeit | gut vorzubereiten

20	**Stück**
	Zubereitungszeit 1 Std.
	Ruhezeit 30 Min.
	Backzeit 20 Min.
Pro Stück	**ca. 90 kcal, E 4 g, F 4 g, KH 9 g**

20 g	frische Hefe	150 g	Räucherlachs
200 g	Mehl	300 g	saure Sahne
	Salz		frisch gemahlener Pfeffer
3 EL	Olivenöl		frisch geriebene Muskatnuss
je 200 g	grüner und weißer Spargel		Mehl zum Ausrollen
1	Zwiebel		Salatblätter zum Anrichten

• Für den Teig die Hefe in 100 ml lauwarmem Wasser auflösen. Mehl, Salz und 2 EL Olivenöl dazugeben. Alles zunächst mit den Knethaken des Handrührgerätes, dann mit den Händen zu einem glatten Teig verkneten. Den Teig abgedeckt an einem warmen Ort etwa 30 Min. gehen lassen.

• Inzwischen beide Spargelsorten abspülen. Den grünen Spargel nur im unteren Drittel schälen, den weißen Spargel von oben nach unten schälen. Die holzigen Enden abschneiden. Die Stangen längs halbieren und in Stücke schneiden.

• Die Zwiebel abziehen, halbieren und in Streifen schneiden. Den Lachs würfeln. Restliches Öl in einer Pfanne erhitzen. Die Zwiebelstreifen darin andünsten. Den Spargel dazugeben und etwa 5 Min. dünsten.

• Lachs und saure Sahne dazugeben und mit dem Gemüse verrühren. Die Spargel-Lachs-Mischung mit Salz, Pfeffer und Muskat abschmecken. Den Backofen auf 200° (Umluft 180°, Gas Stufe 4) vorheizen.

• Den Teig nochmals kurz mit den Händen kneten und auf einer mit Mehl bestäubten Arbeitsfläche dünn ausrollen. Mit einem gewellten Teigrädchen etwa 8 cm große Rauten ausschneiden. Auf ein mit Backpapier ausgelegtes Backblech legen und die Spargel-Lachs-Mischung darauf verteilen. Im Backofen etwa 20 Min. backen. Mit einigen Salatblättern anrichten.

Variante Statt Spargel gedünsteten Porree oder Staudensellerie nehmen.

Tipp Schneller, aber nicht ganz so hübsch: Den Teig ausrollen, belegen, backen und dann erst in Stücke schneiden.

Dips für Chips

vegetarisch | einfach | gut vorzubereiten

je etwa 6	Portionen
	Zubereitungszeit 1 Std.
Pro Portion	ca. 230 kcal, E 9 g, F 17 g, KH 10 g

250 g	Quark (20 % Fett i. Tr.)	2 EL	Öl
150 g	Schmand	1 gestr. EL	mildes Currypulver
	Saft von ½ Zitrone	2 EL	brauner Zucker
	Salz	1 EL	Senfsaat
2 Bund	Basilikum	60 ml	Weißweinessig
1 EL	Olivenöl	1	kleine rote Chilischote
	frisch gemahlener Pfeffer	200 g	cremige Erdnussbutter
1	Gemüsezwiebel	1 Stück	frischer Ingwer (ca. 2 cm)
200 g	Softaprikosen		Saft von ½ Limette
1	rote Chilischote	50 ml	Ahornsirup

• Für den Basilikumquark Quark, Schmand und die Hälfte des Zitronensafts verrühren und mit Salz abschmecken. Basilikum abspülen und trocken schütteln, die Blätter fein hacken und zusammen mit Olivenöl und etwas Quarkcreme im Blitzhacker oder mit dem Stabmixer pürieren. Das Püree unter die Quarkcreme rühren und mit Salz, Pfeffer und restlichem Zitronensaft abschmecken.

• Für das Aprikosenrelish die Zwiebel abziehen, halbieren und grob würfeln. Die Aprikosen in kleine Würfel schneiden. Chilischote längs aufschneiden, entkernen, abspülen und fein hacken (mit Küchenhandschuhen arbeiten!).

• Öl erhitzen, Zwiebelwürfel darin andünsten. Aprikosen, Chili, Currypulver, Zucker und Senfsaat dazugeben und kurz mitdünsten. Essig und 150 ml Wasser dazugeben und zugedeckt bei mittlerer Hitze 45 Min. kochen lassen. Eventuell nach 30 Min. etwas Wasser zugeben. Relish mit Salz abschmecken.

• Für die Erdnusspaste die Chilischote längs aufschneiden, entkernen, abspülen und fein würfeln (mit Küchenhandschuhen arbeiten!). 150 ml Wasser aufkochen, Chiliwürfel dazugeben und die Erdnussbutter darin unter Rühren auflösen. Vom Herd nehmen. Ingwer schälen und mit der Knoblauchpresse den Saft dazudrücken. Limettensaft und Ahornsirup unterrühren und ganz abkühlen lassen.

Tipp Mit Tacochips oder anderen Chips, gerösteten Baguettescheiben, Kräckern oder rohen Gemüsestreifen (Möhren, Zucchini, Staudensellerie, Paprika oder Asiaspargel) zum Dippen servieren.

Cheesecakes mit Rosmarin

vegetarisch | gut vorzubereiten | für Gäste

12	**Stück**
	Zubereitungszeit 1 Std. 45 Min.
	Backzeit 55 Min.
Pro Stück	ca. 195 kcal, E 6 g, F 13 g, KH 14 g

75 g	Butter	1 Msp.	Muskatnuss, frisch gerieben
6–7 Zweige	Rosmarin	¼ TL	Chilipulver
75 g	Knabbergebäck (z. B. Grissini)	150 g	Sahne
75 g	Ziegen-Gouda	100 g	Zucker
250 g	Speisequark (20 % Fett i. Tr.)	12	Papierbackförmchen für
1	Ei		das Muffinblech (12 Mulden
1	Eigelb		à ca. ⅛ l)
	Meersalz, frisch gemahlener Pfeffer		

• Für die Käseküchlein Butter in einem Topf in 5–10 Min. leicht bräunen, etwas abkühlen lassen. Backpapierförmchen in die Mulden eines Muffinblechs setzen.

• 1–2 Zweige Rosmarin abspülen, trocken tupfen und die Nadeln fein hacken. Knabbergebäck fein hacken. Rosmarin, Gebäckbrösel und die Butter gut mischen. In die Papierbackförmchen im Muffinblech streuen und die Brösel darin zu einem Teigboden zusammendrücken. Das Muffinblech kalt stellen.

• Den Backofen auf 160° (Umluft 140°, Gas Stufe 2) vorheizen. Den Ziegen-Gouda fein reiben. Quark, Ei, Eigelb, Meersalz, Pfeffer, Muskat und Chilipulver verrühren. Den Ziegen-Gouda untermischen.

• Die Sahne steif schlagen und unter die Käsemasse heben. Die Käsemasse auf den Bröseln verteilen. Das Muffinblech auf die Fettpfanne des Backofens stellen. So viel kochendes Wasser hineingießen, dass die Form etwa 2 cm hoch im Wasser steht. Im Backofen etwa 55 Min. backen. Die Käseküchlein im ausgeschalteten Ofen auskühlen lassen.

• Die restlichen Rosmarinzweige abspülen, trocken tupfen und in kleine Ästchen schneiden. Den Zucker in einer kleinen Pfanne goldbraun karamellisieren lassen. Die Rosmarinästchen mit einer Pinzette festhalten und schnell durch den heißen Karamell ziehen. Auf Alufolie legen und fest werden lassen. Die Ästchen kurz vorm Servieren auf die Käseküchlein legen.

Dazu frischer grüner Salat

Gebackener Honig-Ziegenkäse

vegetarisch | für Gäste

Sehr lecker mit Baguette !!!

Für Besuch, Vorspeise, Fingerfood

20	**Stück**
	Zubereitungszeit 45 Min.
Pro Stück	**ca. 80 kcal, E 3 g, F 4 g, KH 9 g**

1 Rolle	runde Pumpernickelscheiben (250 g)		Salz, frisch gemahlener Pfeffer
200 g	Schalotten	1 Rolle	Ziegenkäse (200 g)
2	Knoblauchzehen	2–3 EL	Akazienhonig
3 EL	Öl	½ Bund	Thymian (oder 2 EL rosa
3–4 EL	Zucker		Pfefferbeeren)

• Die Pumpernickelscheiben vorsichtig auseinandertrennen und 20 Scheiben auf ein Backblech oder in eine ofenfeste Form legen.

• Schalotten und Knoblauch abziehen und fein würfeln. Das Öl erhitzen, die Zwiebel- und Knoblauchwürfel dazugeben und glasig andünsten.

• Den Zucker darüberstreuen und leicht karamellisieren lassen. Mit Salz und Pfeffer abschmecken. Die Zwiebelmasse etwas abkühlen lassen und auf den Pumpernickelscheiben verteilen.

• Inzwischen den Backofen auf 220° (Umluft 200°, Gas Stufe 5) vorheizen. Den Ziegenkäse in fünf dünne Scheiben schneiden, die Scheiben vierteln und jeweils ein Stück Käse auf die Pumpernickelscheiben legen.

• Kurz vor dem Backen einige Tropfen Honig darüberträufeln (geht gut mit einem Honigspender) und im Ofen 8–10 Min. überbacken, bis der Käse zerläuft.

• Den Thymian abspülen, trocken schütteln und in kleine Ästchen teilen. Die Käsetaler auf eine Platte legen und mit Thymianästchen oder zerstoßenen rosa Pfefferbeeren garnieren. Sofort servieren.

Tipp Die Brottaler können schon gut einige Stunden vorher mit Zwiebelmasse und Käse belegt werden. Den Honig aber erst direkt vor dem Backen auf den Käse träufeln und die Taler noch warm servieren.

Brasilianisches Käsegebäck

vegetarisch | raffiniert | einfach

etwa 45	**Stück**
	Zubereitungszeit 1 Std. 45 Min.
Pro Portion	**ca. 80 kcal, E 2 g, F 5 g, KH 8 g**

200 g	junger Gouda-Käse
¼ l	Milch (keine H-Milch)
100 ml	Öl
1 gestr. EL	Salz
2	ganz frische Eier
1 EL	frisch geriebener Parmesan-Käse
400 g	Tapioka-Mehl (Asialaden)
	Butter für das Muffinblech (4,5 cm ⌀ für kleine Muffins)

• Den Backofen auf 200° (Umluft 180°, Gas Stufe 4) vorheizen. Den Käse fein reiben und zusammen mit Milch, Öl, Salz, Eiern und Parmesan im Mixer so lange mixen, bis keine Stückchen mehr in der Flüssigkeit sind.

• Die gemixte Flüssigkeit und das Mehl in einer Schüssel mit den Knethaken des Handrührgerätes zu einem weichen Teig verarbeiten.

• Die Mulden eines Muffinblechs mit Butter einfetten und jeweils 1–2 TL Teig hineingeben. Im vorgeheizten Backofen etwa 20 Min. backen, bis das Käsegebäck hellgelb ist. Herausnehmen und die nächste Portion wie beschrieben backen. Das Käsegebäck leicht abkühlen lassen und noch warm servieren.

Tipps Die Muffins sind »crispy on the outside, chewy on the inside« (außen knusprig, innen weich-zäh).

Tapioka-Mehl, auch Maniok genannt, wird aus den verdickten Wurzelknollen des Maniok-Strauches gewonnen. Die Wurzeln sind sehr stärkehaltig und waren schon vor Jahrtausenden eine wichtige Nahrungsquelle in Mittel- und Südamerika.

Party-Tapas

vegetarisch | für Gäste

etwa 50	**Stück**
	Zubereitungszeit 50 Min.
	Backzeit 20 Min.
Pro Stück	**ca. 70 kcal, E 2 g, F 4 g, KH 7 g**

2	Eier	120 g	Ajvar (Paprikapaste)
75 g	Zucker	je 1 Bund	Minze und Basilikum
⅛ l	Öl	20	getrocknete in Öl eingelegte
220 g	Mehl		Tomaten
120 g	Maismehl	200 g	Feta-Käsewürfel in Öl
2 TL	Backpulver		(aus dem Glas)
½ TL	Salz	200 g	eingelegte Antipasti
¼ l	Milch	100 g	gemischte Oliven
	Fett und Maismehl für die Form	20	Kapernäpfel (aus dem Glas)

● Den Backofen auf 180° (Umluft 160°, Gas Stufe 3) vorheizen. Eine quadratische Springform (23 cm Seitenlänge) einfetten und mit Maismehl ausstreuen. Eier und Zucker mit den Quirlen des Handrührgerätes cremig schlagen. Das Öl langsam in feinem Strahl unter ständigem Weiterschlagen dazugießen. Beide Mehlsorten, Backpulver, Salz und Milch unter die Ei-Öl-Masse rühren.

● Den Teig in die Form füllen und glatt streichen. Im vorgeheizten Backofen etwa 20 Min. backen. Herausnehmen, kurz abkühlen lassen, aus der Form stürzen und auf einem Gitter auskühlen lassen.

● Den Kuchen einmal waagerecht durchschneiden. Die untere Hälfte mit Ajvar bestreichen, die obere Hälfte wieder daraufsetzen. Den Kuchen vorsichtig in 50 etwa 3 × 3 cm große Würfel schneiden.

● Die Kräuter abspülen, trocken schütteln und die Blätter abzupfen. Abwechselnd Stückchen von eingelegten Tomaten, Feta-Käse, Antipasti und Kräuterblätter, Oliven und Kapernäpfel auf kleine Holzspieße stecken und diese in die Kuchenwürfel stecken.

Dazu süß-saure Chilisauce oder fruchtig-scharfes Chutney

Tipp Zum Vorbereiten den Kuchen am Vortag backen und fest in Folie wickeln.

Tomaten-Muffins

vegetarisch | einfach | gut vorzubereiten

6	**Stück**
	Zubereitungszeit 1 Std.
	Backzeit 10 Min.
Pro Stück	**ca.: 145 kcal, E 6 g, F 9 g, KH 10 g**

6	mittelgroße Kirschtomaten (à 20 g)
	Meersalz, frisch gemahlener Pfeffer
1 Zweig	Rosmarin
2 EL	Olivenöl
1 EL	Zucker
50 g	Parmesan-Käse
2	Eier
1 Prise	Salz
50 g	Mehl
1 TL	Backpulver
	Papierbackförmchen für das Muffinblech (7 cm ⌀)

• Die Tomaten abspülen, trocken tupfen und oben kreuzweise einschneiden. Papierbackförmchen in die Mulden des Muffinblechs setzen und je 1 Tomate mit dem Einschnitt nach oben hineinsetzen. Mit Salz und Pfeffer würzen.

• Rosmarin abspülen, trocken tupfen, die Nadeln abzupfen und fein hacken. Das Öl in einer Pfanne erhitzen. Den Zucker einstreuen und bei mittlerer Hitze goldgelb karamellisieren lassen. Etwa 1 TL gehackten Rosmarin dazugeben und kurz mitbräunen. Etwas abkühlen lassen und auf die Tomaten geben. Den Backofen auf 200° (Umluft 180°, Gas Stufe 4) vorheizen.

• Für den Parmesan-Biskuit den Parmesan auf einer Gemüsereibe grob reiben. Die Eier trennen. Eiweiße und Salz mit den Quirlen des Handrührgerätes steif schlagen. Eigelbe und 2 EL Wasser mit den Quirlen des Handrührgerätes schaumig schlagen. Mehl, Backpulver, Pfeffer und Parmesan mischen und über die Eigelbcreme geben. Eischnee darübergeben und alles mit einem Schneebesen locker unter die Eigelbcreme heben.

• Die Biskuitmasse auf die Tomaten in den Papierbackförmchen geben. Die Muffins im vorgeheizten Backofen etwa 10 Min. backen.

Tipp Die Tomaten-Muffins schmecken heiß und kalt.

Crab-Burger *mit Chilisauce*

einfach | für Gäste

etwa 20	**Stück**
	Zubereitungszeit 1 Std.
Pro Stück	**ca. 70 kcal, E 3 g, F 4 g, KH 5 g**

½ Bund	Koriandergrün	½	rote Paprikaschote
100 ml	süßsaure Chilisauce für Hühnchen	100 g	Krebsschwänze
2 TL	saure Sahne	3	Lauchzwiebeln
	Saft von ½ Zitrone	2 EL	Semmelbrösel
150 g	weißes Fischfilet (z. B. Pangasius, Kabeljau)		Salz, frisch gemahlener Pfeffer
		5 EL	Öl
2	Eier	5 Scheiben	Toastbrot
1	kleine rote Chilischote		

• Für die Chilisauce das Koriandergrün abspülen und trocken schütteln, die Blätter abzupfen und die Hälfte fein hacken. Chilisauce, saure Sahne und gehackten Koriander verrühren und mit Zitronensaft abschmecken.

• Für die Crab-Burger das Fischfilet abspülen und trocken tupfen. Fisch und Eier im Mixer oder Blitzhacker fein zerkleinern.

• Chilischote längs aufschneiden. Paprika- und Chilischote entkernen, abspülen und in sehr feine Würfel schneiden (bei der Chilischote mit Küchenhandschuhen arbeiten!). Krebsschwänze abspülen und halbieren.

• Lauchzwiebeln putzen, abspülen und fein hacken. Fisch-Eier-Mischung, Paprika, Chili, Krebsschwänze und Semmelbrösel mischen und mit Salz und Pfeffer würzen. Die Krebs-Masse mit angefeuchteten Händen zu 20 kleinen Frikadellen formen.

• 2 EL Öl in einer Pfanne erhitzen und die Frikadellen darin in 3–4 Min. knusprig braten, dann wenden und in weiteren 3–4 Min. fertig braten. Frikadellen aus der Pfanne nehmen und warm halten. Restliche Burger wie beschrieben braten.

• Weißbrot entrinden und die Scheiben in je vier Quadrate teilen. 3 EL Öl in der Pfanne erhitzen und die Brotstücke darin von beiden Seiten knusprig braten.

• Je eine Frikadelle zwischen zwei Brotstücke legen, mit den restlichen Korianderblättern belegen und die Burger mit Holzspießchen zusammenstecken. Die Chilisauce dazu servieren.

Tipp Wenn die Fischmasse zu weich ist, noch Semmelbrösel untermischen.

Sprossen-Fischbällchen

einfach | für Gäste

20	**Stück**
	Zubereitungszeit 45 Min.
	Marinierzeit 1 Std.
Pro Stück	**ca. 80 kcal, E 5 g, F 6 g, KH 2 g**

300 g	Seelachsfilet	¼ TL	Chilipulver
125 g	gemischte kleine Sprossen	75 g	Erdnusskerne
	(z. B. Linsen, Alfalfa und Mungobohnen)	3 EL	Semmelbrösel
1–2	Lauchzwiebeln	2	Eier
2 EL	Limettensaft		Salz, frisch gemahlener Pfeffer
2 EL	Fischsauce (Asialaden)		Öl zum Frittieren
1 EL	geröstetes Sesamöl		

• Das Fischfilet und die Sprossen getrennt abspülen, beides mit Küchenkrepp trocken tupfen und sehr fein hacken. Für die Marinade die Lauchzwiebeln putzen, abspülen und fein hacken. Lauchzwiebeln, Limettensaft, Fischsauce, Sesamöl und Chilipulver verrühren. Fisch und Sprossen in der Marinade etwa 1 Std. durchziehen lassen.

• Sprossen und Fisch in ein Sieb geben, abtropfen lassen und dabei gut auspressen. Mit angefeuchteten Händen aus der Fischmasse etwa 20 Bällchen formen.

• Die Erdnusskerne fein hacken oder mahlen, mit den Semmelbröseln vermischen und in einen tiefen Teller geben. Die Eier in einem zweiten tiefen Teller verquirlen und mit Salz und Pfeffer würzen. Die Fischbällchen erst in verquirltem Ei, dann in der Erdnuss-Mischung wenden.

• Das Öl zum Frittieren in einer Pfanne erhitzen. Die Temperatur ist richtig, wenn sich an einem in das heiße Öl getauchten Holzlöffelstiel kleine Bläschen bilden.

• Die Fischbällchen darin portionsweise in etwa 5 Min. goldbraun ausbacken. Mit einer Schaumkelle herausnehmen und auf Küchenkrepp abtropfen lassen.

Dazu Gurkensalat mit Sprossen

Tipp Geröstetes Sesamöl hat ein besonders kräftiges und nussiges Aroma. Der Geschmack ist so intensiv, dass es wie ein Gewürz benutzt werden kann.

Thunfisch *auf Gemüse*

einfach | schnell | edel

4	**Portionen**
	Zubereitungszeit 20 Min.
Pro Portion	**ca. 100 kcal, E 8 g, F 6 g, KH 1 g**

2	Lauchzwiebeln
50 g	Möhre
½ EL	Reisweinessig
	Salz, frisch gemahlener Pfeffer
	Zucker
150 g	ganz frischer Thunfisch
	Teriyaki-Sauce für Fisch

● Die Lauchzwiebeln putzen, abspülen und das dunkle Grün entfernen. Den Rest der Lauchzwiebeln schräg in dünne Ringe schneiden. Die Möhre putzen, schälen, längs halbieren und ebenfalls schräg in dünne Scheiben schneiden. Das Gemüse mischen und mit Essig, Salz, Pfeffer und Zucker würzen.

● Den Thunfisch abspülen, mit Küchenkrepp gut trocken tupfen und in 2 × 2 cm dicke Streifen schneiden. Salzwasser aufkochen, die Thunfischstreifen etwa 5 Sek. in das kochende Wasser geben, mit einer Schaumkelle herausnehmen und sofort in Eiswasser abkühlen lassen.

● Den kalten Thunfisch in Würfel schneiden und auf dem marinierten Gemüse anrichten. Die Teriyaki-Sauce dazu servieren.

Tipps Die Thunfischbestände sind rückläufig, daher sollten Gerichte mit Thunfisch nicht zu häufig gegessen werden.

Teriyaki-Sauce ist neben der klassischen Sojasauce eine der bekanntesten japanischen Saucen. Wer sie selbst zubereiten möchte, kocht ⅛ l Sojasauce zusammen mit 100 g braunem Zucker, 1 EL Brühe und 1 TL Reiswein etwa 5 Min., bis sich der Zucker gelöst hat. Abkühlen lassen und wie beschrieben verwenden.

Klassiker

Sushi-Variationen

Für die Sushi-Bar zu Hause! Und nicht vergessen: Wasabi und eingelegten Ingwer im Asialaden kaufen und dazu servieren.

etwa 36	**Stück**
	Zubereitungszeit 1 Std. 20 Min.
Pro Stück	**ca. 48 kcal, E 2 g, F 2 g, KH 5g**

200 g	Sushi-Reis	1 EL	Mayonnaise
6 EL	Reisweinessig	1–2 TL	Wasabi (grüne Meerrettich-
	Salz		paste)
2 TL	Zucker	125 g	Räucherlachsfilet im Stück
5–6	Krebsfleischsticks (Surimi; etwa 70 g)	¼	Salatgurke
½	reife Avocado	2	Eier
2 TL	Zitronensaft	2 EL	Mineralwasser
6	grüne Algenblätter (Yaki-Nori-Blätter; Asialaden)	1 Msp.	gemahlener Koriander
		20 g	Butter

• Reis abspülen, 30 Min. abtropfen lassen. Mit 400 ml Wasser aufkochen. Zugedeckt auf der ausgeschalteten Herdplatte 15 Min. quellen lassen. Ein Tuch zwischen Topf und Deckel legen, weitere 10 Min. quellen lassen. Essig, 6 EL Wasser, ½ TL Salz und Zucker aufkochen und abkühlen lassen. Reis und Essigsud verrühren, abkühlen lassen (Step 1).

• Für die Kalifornischen Sushi die Krebssticks längs halbieren. Avocado schälen, Fruchtfleisch in lange Streifen schneiden und mit Zitronensaft beträufeln.

• Für zwei Rollen je ein Algenblatt auf die Bambus-Matte legen (eventuell Matte mit Folie belegen) und dünn mit Mayonnaise bestreichen. Hände anfeuchten. Algenblatt knapp 1 cm hoch mit Reis bedecken, dabei einen etwa 2,5 cm breiten Rand frei lassen. Reis nicht zu fest drücken. Auf das untere Drittel einen Längsstreifen Wasabi streichen. Avocado und Krebsfleisch darauflegen. Mit Hilfe der Bambus-Matte das Algenblatt mit der Füllung aufrollen (Step 2).

• Für die Lachs-Gurken-Sushi den Lachs in Streifen schneiden. Gurke schälen, längs halbieren, entkernen und in Streifen schneiden. Reis wie beschrieben auf das Algenblatt geben, mit Wasabi, Gurke und Lachs füllen, wie oben beschrieben aufrollen und in Stücke schneiden. Zweite Rolle genauso machen.

• Für die Omelett-Sushi Eier, Mineralwasser, Salz und Koriander verquirlen. Butter in einer Pfanne (24 cm Ø) zerlassen, Eier darin zugedeckt bei kleiner Hitze in etwa 7 Min. stocken lassen. Abkühlen lassen. Reis auf zwei Algenblätter verteilen, mit Wasabi und mit je einem halben Omelett aufrollen und in Stücke schneiden.

Tipp

So wird gerollt: Die Nahtstelle mit Wasser befeuchten, mit der Matte umrollt festdrücken. Rolle mit einem in kaltes Wasser getauchten Messer in sechs Stücke schneiden (Step 3).

Gebackene Sushi

braucht etwas Übung

24	**Stück**
	Zubereitungszeit 1 Std. 15 Min.
Pro Stück	**ca. 80 kcal, E 3 g, F 2 g, KH 11 g**

200 g	Sushi-Reis	1 EL	Zucker
	Salz	200 g	ganz frisches Lachsfilet
40 ml	Reisessig	4	Lauchzwiebeln
1 EL	Zucker	3	Nori-Blätter (getrockneter
100 g	Tempurateig-Pulver (Asialaden)		Seetang)
1	Ei	1 EL	Wasabi (grüne Meerrettich-
50 ml	Sojasauce		paste)
50 ml	Ketjap manis (indonesische	½ l	Öl zum Frittieren
	süße Sojasauce)		

• Den Reis kalt abspülen, abtropfen lassen und mil 400 ml Salzwasser aufkochen. Zugedeckt bei kleiner Hitze 15 Min. kochen lassen. Den Topf vom Herd ziehen und den Reis weitere 10 Min. quellen lassen. Essig und Zucker verrühren. Den Reis in ein flaches Gefäß geben und den Essig daraufgießen. Mit einem Messer mehrmals durch den Reis ziehen. Mit Frischhaltefolie abdecken und auf Zimmertemperatur abkühlen lassen.

• Teig-Pulver, Ei und 75 ml Wasser verrühren. Sojasauce, Ketjap manis und Zucker aufkochen, in etwa 4 Min. sirupartig einkochen lassen, dann beiseitestellen.

• Lachs kalt abspülen, trocken tupfen und in etwa 5 mm dicke Streifen schneiden. Lauchzwiebeln putzen, abspülen und das dunkle Grün entfernen. Lauchzwiebeln in lange Streifen schneiden. Nori-Blätter halbieren.

• Ein Stück Frischhaltefolie auf die Bambusmatte legen und darauf eine Nori-Blatthälfte geben. Mit angefeuchteten Händen etwas Sushi-Reis knapp 1 cm hoch auf dem Algenblatt verstreichen. Am oberen Rand 1 cm frei lassen. Den Reis nicht zu fest drücken.

• Auf das untere Drittel einen Längsstreifen Wasabi streichen. Darauf Lachs und Lauchzwiebeln legen. Mit Hilfe der Bambusmatte das Nori-Blatt mit der Füllung aufrollen, dabei die Folie um die Rolle wickeln. Die Rolle mit der Matte umrollt festdrücken. Aus den restlichen Zutaten weitere fünf Rollen formen. Rollen mit einem in kaltes Wasser getauchten Messer in vier Stücke schneiden.

• Öl erhitzen, Sushi-Stücke portionsweise in den Teig tauchen und im Öl 2 Min. ausbacken. Auf Küchenkrepp abtropfen lassen und mit der Sauce servieren.

Küchlein mit Mangosalsa

vegetarisch | einfach

8	**Portionen**
	Zubereitungszeit 40 Min.
Pro Portion	**ca. 555 kcal, E 16 g, F 36 g, KH 42 g**

100 g	gemischte Sprossen (z. B. Quinoa-, Linsen- oder Weizensprossen)	2	kleine Avocados
		1	Schalotte
350 g	Ricotta-Käse (italienischer Frischkäse)	1	rote Chilischote
2 EL	frisch geriebener Parmesan-Käse	2 EL	Limettensaft
2 EL	Mehl	1 EL	Rapskernöl
	Meersalz, frisch gemahlener Pfeffer	1 EL	brauner Rohrzucker
1	Ei	2 EL	Öl zum Braten
1	Mango	150 g	Rote-Bete-Sprossen

• Für die Küchlein die Sprossen abspülen und gut trocken tupfen. Ricotta, Parmesan, Mehl, Meersalz, Pfeffer und Ei in einer Schüssel zu einem glatten Teig verrühren. Die Sprossen unterheben und den Teig zugedeckt etwa 20 Min. bei Zimmertemperatur quellen lassen.

• Für die Salsa Mango und Avocados schälen, das Fruchtfleisch vom Stein schneiden und fein würfeln. Schalotte abziehen und fein würfeln. Chilischote längs aufschneiden, entkernen, abspülen und fein würfeln (dabei mit Küchenhandschuhen arbeiten!).

• Mango, Avocados, Schalotte, Chili, Limettensaft, Öl und Zucker verrühren. Mit Salz und Pfeffer abschmecken. Die Salsa abgedeckt beiseitestellen.

• Das Öl in einer beschichteten Pfanne erhitzen. Jeweils etwa 1 EL vom Ricottateig in die Pfanne geben und zu einem kleinen Küchlein formen. Nur so viele Küchlein in die Pfanne geben, dass sie sich nicht berühren. Portionsweise von beiden Seiten goldbraun braten. Die Küchlein herausnehmen und im Backofen warm halten, bis alle gebraten sind. Die Rote-Bete-Sprossen unter die Salsa heben und die Salsa zu den warmen Küchlein servieren.

Scharfe Hackbällchen

gut vorzubereiten | einfach

etwa 40	**Stück**
	Zubereitungszeit 30 Min.
Pro Stück	**ca. 35 kcal, E 2 g, F 3 g, KH 1 g**

1	kleines Brötchen vom Vortag
25 g	Pinienkerne
1	Zwiebel
2	Knoblauchzehen
400 g	Hackfleisch
1	Ei
1 EL	Tomatenmark
	Salz, frisch gemahlener Pfeffer
	etwas Cayennepfeffer
3 EL	Öl

• Das Brötchen in kaltem Wasser einweichen. Die Pinienkerne in einer Pfanne ohne Fett goldbraun rösten. Zwiebel und Knoblauch abziehen und fein würfeln.

• Das Brötchen mit den Händen gut ausdrücken und fein zerpflücken. Brötchen, Hackfleisch, Pinienkerne, Zwiebel, Knoblauch, Ei, Tomatenmark, Salz, Pfeffer und wenig Cayennepfeffer mit den Knethaken des Handrührgerätes zu einem glatten Fleischteig verkneten. Aus dem Fleischteig mit angefeuchteten Händen etwa 40 kleine Bällchen formen.

• Das Öl in einer Pfanne erhitzen und die Fleischbällchen darin portionsweise bei mittlerer Hitze in 6–8 Min. von allen Seiten braun braten. Auf Küchenkrepp abtropfen lassen und warm oder kalt servieren.

Dazu trockener Sherry

Tipp Cayennepfeffer entfaltet seine volle Schärfe nicht sofort, darum sparsam verwenden und den gewürzten Fleischteig erst nach kurzer Wartezeit abschmecken. Wer es nicht so scharf mag, würzt mit rosenscharfem Paprikapulver.

Putenspieße mit Joghurt-Dip

einfach

20	**Stück**
	Zubereitungszeit 50 Min.
Pro Portion	**ca. 80 kcal, E 7 g, F 3 g, KH 6 g**

1	Knoblauchzehe
1 Stück	frischer Ingwer (ca. 1 cm)
1	kleine rote Chilischote
150 ml	Apfelsaft
20	getrocknete Aprikosen (200 g)
2 EL	Sojasauce
2	Sternanis
500 g	Putenbrustfilet
3 EL	Butterschmalz
	Salz
200 g	Sahnejoghurt
	frisch gemahlener Pfeffer
½ Bund	Koriandergrün

• Den Knoblauch und den Ingwer schälen und sehr fein hacken. Die Chilischote längs aufschneiden, entkernen, abspülen und fein hacken (dabei mit Küchenhandschuhen arbeiten!).

• Für den Sud Apfelsaft mit Knoblauch, Ingwer, Chili, Aprikosen, Sojasauce und Sternanis in einen Topf geben, aufkochen und bei kleiner Hitze etwa 10 Min. ziehen lassen. Aprikosen herausheben. Den Sud beiseitestellen.

• Für die Spieße die Putenbrust abspülen, mit Küchenkrepp trocken tupfen und in etwa 10 cm lange und 1 cm dicke Streifen schneiden. Die Putenstreifen um die Aprikosen legen und mit einem Schaschlikspieß feststecken.

• Das Butterschmalz in einer Pfanne erhitzen und die Spieße darin von jeder Seite etwa 4 Min. braten und mit Salz würzen.

• Für den Dip den Joghurt glatt rühren, mit Salz und Pfeffer würzen. Koriandergrün abspülen, trocken schütteln und die Blätter grob hacken. Restlichen Sud und Koriandergrün über den Joghurt geben. Den Dip zu den Spießen servieren.

Tipp Die Putenspieße schmecken heiß und kalt.

Spinat-Schinken-Röllchen

einfach

4	**Portionen**
	Zubereitungszeit 45 Min.
Pro Portion	**ca. 115 kcal, E 14 g, F 5 g, KH 2 g**

300 g	Blattspinat
1	kleine Zwiebel
1 Stück	frischer Ingwer (1–2 cm)
1 EL	Öl
4–5 EL	Teriyaki-Sauce
250 g	Lachsschinken in Scheiben
1 EL	Tahin (Sesampaste; aus dem Glas)
1–2 EL	Gemüsefond (aus dem Glas; oder Brühe)
2 TL	Zitronensaft
2 TL	helle Sesamsaat

• Den Spinat putzen, verlesen, abspülen, trocken schleudern und die Blätter grob zerzupfen. Die Zwiebel abziehen und fein würfeln. Den Ingwer schälen und ebenfalls in feine Würfel schneiden.

• Das Öl in einer großen Pfanne erhitzen, die Zwiebelwürfel darin glasig dünsten. Den Spinat dazugeben und zusammenfallen lassen. Den Ingwer und 1–2 EL Teriyaki-Sauce unterrühren.

• Die Lachsschinkenscheiben auf einer Arbeitsfläche ausbreiten. Auf jede Scheibe an einem Ende etwa 2 TL Spinat geben und die Scheiben aufrollen. Die Schinken-röllchen schräg halbieren. Die Röllchen auf Tellern anrichten.

• Tahin, 2 EL Teriyaki-Sauce und 1–2 EL Gemüsefond oder Wasser verrühren. Mit Zitronensaft abschmecken. Die Röllchen mit etwas Teriyaki-Sauce beträufeln und mit Sesamsaat bestreuen.

Dazu Baguette

Tipp Statt Lachsschinken dünne Scheiben Räucherlachs oder als preiswertere Variante gekochten Schinken nehmen.

Schinken-Käse-Toasts

schnell | einfach

16	**Stück**
	Zubereitungszeit 25 Min.
Pro Stück	**ca. 70 kcal, E 5 g, F 3 g, KH 5 g**

4 Scheiben	Greyerzer-Käse
2 Scheiben	gekochter Schinken (etwas dicker geschnitten)
8 Scheiben	Toastbrot
100 g	frisch geriebener Greyerzer-Käse

• Den Backofen auf 220° (Umluft 200°, Gas Stufe 5) vorheizen. Scheibenkäse und Schinken auf die Größe der Toastscheiben schneiden. 4 Toasts mit 1 Scheibe Käse und ½ Scheibe Schinken belegen, sodass nichts überlappt. Mit einer zweiten Scheibe Toast abdecken.

• Die gefüllten Toasts nebeneinander auf ein Backblech legen und im vorgeheizten Backofen etwa 8 Min. backen, bis die Oberseite des Brotes goldgelb ist.

• Die Brotscheiben wenden und mit dem geriebenen Käse bestreuen und im Backofen weitere 5–8 Min. backen, bis der Käse geschmolzen ist. Die Toasts sofort in 16 kleine Stücke schneiden. In jedes Stück ein Holzspießchen stecken und servieren.

Dazu trockener Sherry

Tipp Die gefüllten Toastscheiben nicht in Stücke schneiden, sondern ganz lassen. Dann ist das ein toller Imbiss für etwa 4 Personen.

Gurkenschiffchen

einfach | für Gäste

etwa 32	**Stück**
	Zubereitungszeit 40 Min.
	Kühlzeit 3 Std.
Pro Stück	ca. 20 kcal, E 2 g, F 1 g, KH 0 g

5	getrocknete in Öl eingelegte Tomaten	1 TL	edelsüßes Paprikapulver
2 TL	Sherry (medium; oder Apfelsaft)	1 TL	gemahlener Kreuzkümmel (Kumin)
150 g	Magerquark		Salz, frisch gemahlener Pfeffer
4	Mini-Salatgurken	2 Scheiben	Parmaschinken
200 g	Frischkäse	½ Bund	Petersilie
1–2 TL	pflanzliches Bindemittel (Reformhaus)		etwas Sumach (türkischer Supermarkt)

• Tomaten abtropfen lassen. 3 Tomaten fein würfeln, mit dem Sherry verrühren und 20 Min. marinieren lassen. Quark in ein Sieb geben und abtropfen lassen.

• Die Gurken abspülen, trocken reiben und die Schale streifenförmig abschälen, sodass noch ein paar dunkle Schalenstreifen dranbleiben. Die Gurken längs halbieren und die Hälften mit einem Teelöffel entkernen.

• Abgetropften Quark, Frischkäse, pflanzliches Bindemittel, Paprikapulver und Kreuzkümmel verrühren. Tomatenwürfel mit dem Sherry unterrühren und die Quarkcreme mit Salz und Pfeffer abschmecken. Die Quarkcreme in die Gurken-hälften füllen, glatt streichen und abgedeckt mindestens 3 Std. kalt stellen.

• Die Gurken in 3 cm dicke Stücke schneiden und auf eine große flache Platte setzen. Den Schinken in dünne Streifen schneiden, zusammenrollen und auf eine Hälfte der Gurkenschiffchen setzen.

• Die restlichen Tomaten in feine Streifen schneiden und die andere Hälfte der Gurkenschiffchen damit garnieren.

• Die Petersilie abspülen, trocken schütteln und die Blätter fein hacken. Die Gur-kenschiffchen mit Sumach und Petersilie bestreuen.

Tipp Sumach ist ein rötliches, etwas sauer schmeckendes Gewürz, das aus den Früchten des Gerberbaumes hergestellt wird und typisch für die arabische Küche ist.

Das große Plus: *Vorspeisen & Fingerfood*

Prickelndes

Etwas Prickelndes im Glas passt eigentlich immer als Aperitif. Ob Sekt, Cava, Spumante oder Crémant, das ist Geschmackssache. Hier die bekanntesten:

Sekt/Winzersekt: Wird meist aus verschiedenen Grundweinen zusammengestellt. Diese Cuvée wird so gemischt, dass sie jedes Jahr gleich und damit typisch für das Weingut schmeckt, wie auch ein Champagner typisch für die Kellerei schmeckt.
Sekt wird bei der Herstellung zweimal vergoren, dabei entsteht die Kohlensäure. Sekt ohne weitere Bezeichnung wird in großen Stahltanks vergoren, gefiltert und in die Flaschen gefüllt. Steht Flaschengärung darauf, fand die zweite Gärung in der Flasche statt. Bei der »traditionellen Flaschengärung«, auch als Champagnermethode bezeichnet, sind beide Gärungen in der Flasche gewesen. Besonders die »traditionelle Flaschengärung« wird für hochwertige Sekte wie Jahrgangssekt und Winzersekt angewendet. Ein Jahrgangssekt wird nur in den Jahren mit sehr guten Trauben hergestellt, der Jahrgang ist auf der Flasche vermerkt. Er muss mindestens drei Monate in der Flasche gären. Ein Winzersekt wird meist nur in kleinen Mengen von

einem Winzer gemacht, nicht von einer Sektkellerei. Durch die unterschiedliche Reife und Auswahl der Trauben ist der Geschmack eines Winzersektes jahrgangstypisch und jedes Jahr anders. Oftmals ist die Qualität sehr gut und kann locker mit einem Champagner mithalten.

Champagner/Crémant: Champagner wird traditionell in der Flasche vergoren und darf nur in der Region Champagne in Frankreich hergestellt werden. Alle großen Champagnerhäuser machen Cuvées, um den stets gleichen Geschmack zu garantieren. Es werden dazu vor allem die Rebsorten Pinot Noir (Spätburgunder), Pinot Meunier (Müllerrebe oder Schwarzriesling) und Chardonnay verwendet. Da die Nachfrage weltweit ständig steigt, steigen auch die Preise stetig an. Eine sehr gute und meist günstigere Alternative sind Crémants aus Frankreich. Diese Schaumweine werden nach der Champagnermethode und oft auch aus den gleichen Rebsorten gemacht, kommen jedoch nicht aus der Region Champagne und dürfen sich daher nicht Champagner nennen.

Prosecco/Franciacorta/Spumante: Prosecco ist eigentlich eine weiße Rebsorte. Der beliebte italienische Schaumwein ist korrekt bezeichnet ein Prosecco Spumante. Er entspricht in der Qualität etwa einem Sekt, er wird auch meist in Tanks vergoren und dann auf die Flaschen gezogen. Weniger gute Qualität hat der Prosecco frizzante. Für den Frizzante wird oftmals einfach einem normalen Wein Kohlensäure zugesetzt, ganz ohne Gärung. Diese Kohlensäure entweicht dann auch im Glas sehr schnell wieder, sodass der Frizzante schal schmeckt. Typisch für den Frizzante ist der mit einer Kordel gesicherte Korken. Das Gegenteil, ein sehr hochwertiger Spumante, der wie ein Champagner hergestellt wird, ist der Franciacorta. Wer eine Flasche davon sieht, sollte zugreifen!
Cava ist die spanische Variante des Schaumweines. Wie der Champagner reift auch der Cava in der Flasche und es gibt verschiedene Qualitäten. Die minimale Lagerdauer auf der Hefe beträgt für alle Cavas neun Monate, für Reservas 18 Monate, Cavas mit Jahrgangsangabe 24 Monate und für Gran Reservas mindestens 30 Monate.

Die Zuckermenge bestimmt, ob der Sekt eher trocken oder süß ist. Die Bezeichnungen dafür sind weltweit festgelegt und lauten:

süß (doux, dolce, sweet): Zuckergehalt höher als 50 g/l;

halbtrocken (demi-sec, abbocato, medium dry): Zuckergehalt zwischen 33 g/l und 50 g/l;

trocken (sec, secco, dry): Zuckergehalt zwischen 17 g/l und 35 g/l;

extra trocken (extra dry, extra secco): Zuckergehalt liegt zwischen 12 g/l und 20 g/l;

herb (brut, bruto): Zuckergehalt weniger als 15 g/l;

extra herb (extra brut, extra bruto): Zuckergehalt weniger als 6 g/l;

naturherb (brut nature, brut de brut, bruto natural, pas dosé, dosage zero): Zuckergehalt weniger als 3 g/l.

Die richtigen Gläser

Zu einem tollen Essen gehört ein guter Wein – und der braucht das passende Glas.

Es ist erwiesen, dass die Nuancen eines guten Weines in unterschiedlich geformten Gläsern auch unterschiedlich stark zur Geltung kommen, daher sollte man sich als Weintrinker ruhig zwei oder drei verschiedene Weingläser und Sekt- oder Champagnergläser gönnen.

Weißwein: Weißweine kommen in einem leicht bauchigen, mittelschlanken Glas am besten zur Geltung. Da die Rundung der Öffnung nur mittelgroß ist, wird der Wein auf die Mitte der Zunge »geleitet«, wo nicht so viele Rezeptoren für die Geschmacksrichtung »sauer« sitzen. Da die meisten Weißweine recht säurehaltig sind, wird die Säurewahrnehmung so etwas abgemildert und der Wein schmeckt samtig und cremig. Sehr alte Weine mit hohem Alkoholgehalt und sehr vollem Geschmack können auch sehr gut aus einem Rotweinglas getrunken werden.

Rotwein: Schmeckt meist aus dem typischen, bauchigen Glas am besten. In dem großen Glas kann der Wein »atmen«, also durch Kontakt mit Sauerstoff seine Geschmacksvielfalt entwickeln. Durch die nur milde Wölbung des Glases an der Öffnung verteilt sich der Wein sofort im ganzen Mund und kann dort »erschmeckt« werden. In einem zu kleinen Glas werden gute Rotweine oft zu holzbetont und schmecken manchmal bitter.

Sekt: Wird aus tulpenförmigen Gläsern getrunken, diese verhindern ein zu schnelles Entweichen der Kohlensäure. Alternativ sind auch zylinderförmige Gläser gut. Gar nicht gut sind die Sektschalen aus Omas Erbschaft, darin verschwindet die Kohlensäure viel zu schnell und der Sekt wird schneller warm.

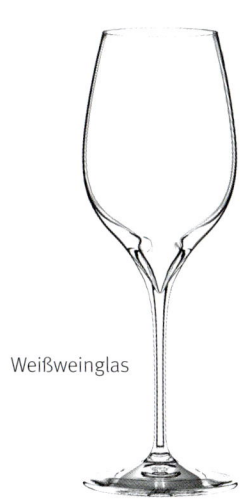

Weißweinglas

Rotweinglas

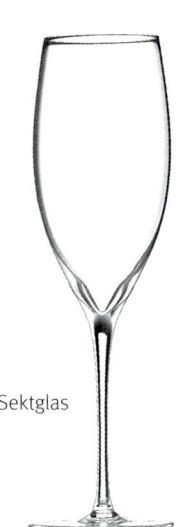

Sektglas

Sherry

Die Zeiten, in denen uralter Sherry zimmerwarm in riesigen Gläsern serviert wurde, sind zum Glück vorbei. Sherry ist ein spezieller Wein, der in Eichenfässern reift und erst kurz vor der Auslieferung in Flaschen gefüllt wird. Sherry kommt immer aus dem Anbaugebiet rund um Jerez de la Frontera in Andalusien in Spanien, dort liegen die Bodegas, die Sherry-Weinkellereien. Dort wird der Wein mit Weingeist auf 15 Vol-% Alkohol aufgespritet und reift dann im Solero-Verfahren. Alle Sherrys sollten gekühlt serviert werden. Die helleren ein bisschen mehr als die dunklen.

Fino: Ist strohgelb bis blass goldgelb im Glas. Er ist trocken und schmeckt leicht, spritzig-delikat und etwas nach Mandeln und Apfel. Meist reift er fünf bis sieben Jahre. Er passt super zu Tapas, Meeresfrüchten, hellem Fisch und mildem Käse. Wie Wein auch sollte er in ein bis zwei Tagen ausgetrunken werden, sonst oxidiert der Sherry und schmeckt nicht mehr. Er hält sich in der geschlossenen Flasche eineinhalb Jahre.

Manzanilla: Ist strohgelb, trocken, aber schon etwas pikanter im Aroma als der Fino, da er länger reift. Er erinnert an Meer, Muscheln, Oliven und Erdnüsse, trotzdem schmeckt er noch leicht, fast ein bisschen salzig. Er passt auch zu Tapas, Meeresfrüchten und hellem Fisch und Sushi. Auch diese Flasche sollte in ein paar Tagen ausgetrunken werden.

Amontillado: Bernsteinfarben mit spritzigem Aroma, das schon etwas voller ist. Es gibt ihn trocken und halbtrocken, er reift zwischen neun und fünfzehn Jahre, geöffnet bleibt er zwischen zwei und sechs Wochen gut. Er schmeckt leicht nach Haselnuss, Feigen und Datteln und passt gut zu weißem Fleisch, dunklem Fisch und vollreifem Käse, außerdem verfeinert er Suppen und Consommés.

Oloroso: Ist schon deutlich dunkler, bernstein- bis mahagonifarben, und er schmeckt und duftet sehr ausgeprägt – »oloroso« bedeutet auf Spanisch »wohlduftend«. Er riecht nach Walnüssen, Dörrobst und Orangenschale. Der Oloroso ist trocken, wird aber häufig mit süßem Wein gemischt und dann als Oloroso medium oder dulce angeboten. Er schmeckt zu kräftigen Gerichten wie Geschmortem, Wild, rotem Fleisch, Thunfisch und Pilzgerichten, die süßeren Varianten harmonieren zum Beispiel gut mit Gänsebraten und sogar mit Kuchen.

Cream: Ist dunkel mahagonifarben, süß und schmeckt sehr weich. Er duftet nach Karamell, Bananen und gebrannten Mandeln. Der Cream-Sherry wird auf der Basis eines Oloroso gemacht, veredelt mit verschiedenen süßen Weinen. Er hat 17–20-Vol % Alkohol und schmeckt gut zu Desserts und Schoko-Kuchen.

Pedro Ximinez: Dieser sehr süße Wein wird abgekürzt PX genannt. Er ist leicht cremig und dunkel-mahagonifarben bis schwarz. Er schmeckt sehr süß und duftet nach Bananen, Rosinen und Datteln und schmeckt toll zu Blauschimmelkäse, Desserts und Torten.

Longdrinks und Cocktails

Sie schmecken nicht nur in der Bar, sondern auch hervorragend als Aperitif. Die beliebtesten Starter vor dem Essen sind:

Gin-Tonic: Je nach Geschmack 4–6 cl Gin mit ein paar Eiswürfeln in ein hohes Glas geben, 1–2 Zitronenscheiben dazu und mit Tonicwasser auffüllen. Fertig! Tipp: Tonic verliert in der geöffneten Flasche schnell seine Kohlensäure, daher lieber kleine Flaschen kaufen.

Caipirinha: Der brasilianische Klassiker stellt schon höhere (Kraft-)Ansprüche. Für ein Glas 1 Limette abspülen, halbieren und jede Hälfte in vier Teile schneiden. Zusammen mit 2–3 TL braunem Zucker in ein dickwandiges Glas geben. Mit dem Mörser-Stößel die Limetten auspressen und den Zucker etwas verreiben, dazu den Stößel mit viel Kraft im Glas drehen. Das Glas mit gestoßenem Eis auffüllen. Je nach Geschmack 4–6 cl Cachaça (Zuckerrohrschnaps) dazugeben.

Campari-Orange: supersimpel. Hohes Glas, Eiswürfel, Campari nach unten, Orangensaft drauf. Wer schwungvoll einschenkt, hat gleich ein sattes Orange im Glas, mit mehr Gefühl bleibt der Campari unten als rote Schicht stehen, darüber dann der gelbe Saft. Tipp: Für Autofahrer gibt es auch alkoholfreien roten Bittersirup (Sanbitter), der schmeckt fast genauso gut wie das Original mit Alkohol.

Martini: nein, nicht die Bondvariante aus Wermut und Gin oder Wodka, sondern nur der Wermutwein (Noilly Prat, Cinzano, Martini) aus der Flasche. Mit einer Zitronenspalte und eisgekühlt ebenso schnell gemacht wie köstlich. Auch ohne zu rühren oder zu schütteln.

Kir Royal: Für ein Glas 1 cl Crème de Cassis (Schwarzer Johannisbeer-Likör) in eine Sektflöte oder ein Weinglas gießen und mit 100 ml gut gekühltem Champagner oder Sekt auffüllen. Sofort servieren (Foto Seite 8).

White Lady: 4 cl Gin, 2 cl Cointreau, 1 cl Limettensaft und 2 Eiswürfel in einen Shaker geben und gut schütteln. In eine Sektschale abseihen. Eine Limettenscheibe einschneiden und zur Dekoration an den Glasrand stecken (Foto Seite 46).

Sparkling Peach: 2 cl trockener Wermut (z. B. Noilly Prat) und 3 cl Pfirsich-Likör mischen und in ein Glas geben. Mit 100 ml gut gekühltem Sekt oder Champagner auffüllen. Ein Orangenstückchen und eine Cocktailkirsche auf einen Holzspieß stecken und den Cocktail damit garnieren. Sofort servieren.

Melonen-Sekt-Schorle: Für vier Gläser 1 kleine Honigmelone halbieren und entkernen. Aus dem Fruchtfleisch 8 Melonenkugeln ausstechen und die Kugeln kalt stellen. Das restliche Melonenfleisch in Stücke schneiden. Von ½ reifen Wassermelone die Kerne entfernen und beide Sorten Melonenfruchtfleisch zusammen mit 1 TL Zitronensaft pürieren. 200 ml halbtrockener Sekt und eventuell einige Eiswürfel dazugeben und alles durch ein Sieb gießen. In den Kühlschrank stellen, bis die gesamte Flüssigkeit abgetropft ist. Je 2 Honigmelonenkugeln auf Holzspieße stecken. Kurz vor dem Servieren die gekühlte und abgetropfte Schorle auf 4 Sektgläser verteilen. Eventuell 1–2 Eiswürfel in jedes Glas geben. Mit 200 ml gut gekühltem halbtrockenem Sekt aufgießen und je einen Melonenspieß über das Glas legen (Foto unten).

Oliven

Es sind fast tausend verschiedene Olivensorten am Markt, mit großen Unterschieden in Geschmack, Farbe und Konsistenz. Über 90 Prozent der Olivenernte werden zu Öl gepresst, die restlichen etwa zehn Prozent kommen als eingelegte Oliven auf den Markt.

Oliven färben sich während der Reife zuerst grün, dann lila bis schwarz. Einige bleiben jedoch auch reif grün, »olivgrün«. Oder sie werden kupferfarben. Die Form ist je nach Sorte rund bis spitz-oval, und auch die Größe der Oliven ist unterschiedlich, von himbeerklein bis pflaumengroß. Die Beschaffenheit des Fruchtfleisches reicht von sehr fest bis weich. Manchmal ist das Fruchtfleisch mit dem Stein verwachsen, manchmal lässt sich der Stein ganz einfach herauslösen.

Lieber grün oder schwarz?

Je reifer eine Olive geerntet wird, umso geringer ist ihr Anteil an Bitterstoffen (Alkaloiden). Dennoch werden Oliven auch unreif, also grün, geerntet. Damit sie genießbar werden, entfernt man ihre Bitterstoffe durch Einlegen in Natronlauge und mehrfaches Auswaschen. Mitunter wird dieses Verfahren auch bei reifen schwarzen Oliven angewendet. Anschließend werden die meisten Oliven in Salzlake konserviert, manchmal noch mit Kräutern oder mit Gewürzen aromatisiert. In Griechenland werden schwarze Oliven oft auch ohne Laugenbehandlung eingesalzen oder milchsauer vergoren. Das intensiviert den Geschmack. Einige schwarze Olivensorten werden nur in der Sonne getrocknet. Je nach Qualität kosten 100 g Oliven zwischen 60 Cent bis 3 Euro.

Die bekanntesten Olivensorten:

Durch die große Vielfalt werden die meisten Oliven ohne Bezeichnung angeboten, einige sind jedoch als Qualitätsmerkmal bekannt:
- Queen: Diese Sorte hat sehr große Früchte, sie sind schön saftig und frisch.
- Manzanilla: Die Olive kommt aus Spanien, ist grün, recht klein und mittelfest. Sie hat ein herbes Aroma und wird pur oder gefüllt (z. B. mit Paprika oder Anchovis) angeboten.

- Kalamata: Die Oliven sind schwarz, recht groß und kommen aus dem Gebiet um Kalamata in Griechenland. Sie sind sehr aromatisch, weich und haben viel Fruchtfleisch.
- Niçoise: Die Namensgeber des berühmten Salates sind sehr klein, schimmern lila bis schwarz und stammen aus Frankreich. Sie haben wenig Fruchtfleisch, sind aber sehr aromatisch und dekorativ.

Knusprig verhüllt – Fingerfood im Teig

Asiatische Frühlingsröllchen, Ministrudel aus Österreich, südamerikanische Tortillas oder orientalischer Börek – auf der ganzen Welt wird gefüllt und gerollt und Fingerfood zum Aperitif serviert. Doch nicht jeder Teig eignet sich gleich gut für die verschiedenen Zubereitungsarten. Für alle Teige gilt jedoch: Sie dürfen beim Füllen nicht trocken werden, sonst lassen sie sich nicht mehr formen. Daher den Teig immer mit einem feuchten Tuch bedecken und Reste gut in Folie verpackt aufheben. Zum »Verkleben« der Teigblätter Eiweiß, bei Frühlingsrollenteig Wasser nehmen. Diese fertigen Teige sind ideal, um darin Fischfilet, zartes Fleisch, Mozzarella, Feta-Käse und Gemüse zu verpacken:

Wan-Tan-Blätter bestehen wie ein Nudelteig aus Mehl und Eiern, es gibt sie tiefgefroren im Asialaden. Für knuspriges Fingerfood am besten frittieren und braten.

Frühlingsrollenteig wird aus Mehl, Wasser und Öl hergestellt und tiefgefroren in vielen verschiedenen Größen im Asialaden angeboten. Er schmeckt frittiert am besten, lässt sich aber auch, fein gefüllt, im Backofen knusprig backen. Dafür den Teig mit Öl bestreichen und sofort backen, sonst weicht er schnell durch. Zum Kochen und Dünsten ist er ungeeignet.

Strudelteig wird wie Frühlingsrollenteig aus Mehl, Wasser und Fett hergestellt und ist ideal zum Backen. Wird er selbst gemacht, wird der Teig vor dem Ruhen mit Öl bepinselt, damit er schön geschmeidig bleibt. Fertigen Strudelteig gibt es frisch im Kühlregal oder tiefgefroren.

Yufka, Filo und Brick sind zwar nicht ganz gleich, aber ähnlich. Sie bestehen aus Mehl, Salz und Wasser und werden hauchdünn mit einer speziellen Pfanne gebacken, ähnlich wie Crêpes. In der Türkei, Griechenland und Nordafrika gibt es sie auf jedem Markt, bei uns im Kühlregal von türkischen Supermärkten.

Tortillas gibt es in zwei Versionen: aus Weizenmehl oder aus einem speziellen Maismehl hergestellt. Beide Sorten werden schon fertig gebacken angeboten und können vor dem Essen noch erwärmt, gebacken oder frittiert werden. Die Maismehl-Version wird beim Frittieren etwas knuspriger und eignet sich daher gut für Tacos und Tostadas, während die Weizen-Variante etwas weicher bleibt und sich prima zu Wraps, Enchiladas und Quesadillas rollen lassen. Einfach und gut: Die Weizenmehl-Teigfladen mit etwas Olivenöl bestreichen, mit Meersalz bestreuen und im Backofen hellbraun backen. Zum Aperitif mit Kräuterquark, fertiger Guacamole aus dem Glas oder einer Salsa (Rezepte Seite 77, 101 und 123) servieren.

Schnellstes Fingerfood zum Aperitif

- **Räucherlachs** von bester Qualität (pro Portion etwa 40 g) in Würfel schneiden und mit Dillspitzen auf gebutterten Baguettescheiben anrichten.
- **Feta-Käse** (pro Portion ca. 40 g) in Würfel oder Scheibchen schneiden und mit je ½ Cocktailtomate auf Kräckern anrichten. Mit grob gemahlenem Pfeffer bestreuen.
- **Rindertatar** (pro Portion ca. 30 g) mit Salz und Pfeffer würzen, kleine Häufchen auf Pumpernickeltalern anrichten und mit je 2–3 kleinen Kapern dekorieren.
- Pro Portion je 1 Scheibe **Roastbeef** mit ½ TL Remoulade bestreichen, aufrollen und mit 1 Cornichon auf Partyspieße stecken.
- **Backpflaumen mit Leberwurst** (12 Portionen): 12 Backpflaumen längs aufschneiden, entsteinen. 150 g Leberwurst eventuell mit 1 EL Sherry verrühren. Pflaumen damit füllen und auf getoastete und in Würfel geschnittene Brioche-Scheiben legen (Foto unten).

Zum Gebrauch
Damit Sie Rezepte mit bestimmten Zutaten noch schneller finden können, stehen in diesem Register zusätzlich auch beliebte Zutaten wie **Kräuter** oder **Lachs** – ebenfalls alphabetisch geordnet und **hervorgehoben** – über den entsprechenden Rezepten.

Die BRIGITTE-Kochbuch-Edition

ISBN 978-3-8338-1505-8

ISBN 978-3-8338-1506-5

ISBN 978-3-8338-1507-2

ISBN 978-3-8338-1511-9

ISBN 978-3-8338-1512-6

ISBN 978-3-8338-1513-3

NIE WIEDER ZETTELWIRTSCHAFT! Die beliebtesten Rezepte aus der BRIGITTE werden hier vom Kochbuch-Spezialisten GU endlich in einer Edition präsentiert. Rezepte für jeden Anlass, für jede Saison – natürlich mit allen Klassikern und mit vielen Neuheiten. Freuen Sie sich darauf und sammeln Sie mit!

Mehr Kochen war noch nie

ISBN 978-3-8338-1508-9

ISBN 978-3-8338-1510-2

ISBN 978-3-8338-1509-6

ISBN 978-3-8338-1514-0

ISBN 978-3-8338-1515-7

ISBN 978-3-8338-1516-4

KOMPETENT: zwei starke Marken – BRIGITTE und GU – garantieren höchste Qualität und Gelingsicherheit. **WERTVOLL:** schöne Ausstattung mit Lesebändchen. **UNVERWECHSELBAR:** herausragende Gestaltung, auffällig schöne Fotografie. **EMOTIONAL:** das Gute-Laune-Gefühl der BRIGITTE in Buchform.

IMPRESSUM

© 2008
GRÄFE UND UNZER VERLAG GmbH, München
Gruner + Jahr AG & Co KG, Hamburg

Liebe Leserin, lieber Leser,

wir freuen uns, dass Sie sich für ein Buch der Brigitte-Kochbuch-Edition entschieden haben. Mit Ihrem Kauf setzen Sie auf Qualität und Kompetenz zweier starker Marken: Brigitte und GU. Dafür bedanken wir uns bei Ihnen.

Um in Zukunft noch besser auf Ihre Wünsche eingehen zu können, ist uns Ihre Meinung wichtig. Bitte senden Sie uns Ihre Anregungen, Ihre Kritik, Ihr Lob und auch Ihre Fragen zu unseren Büchern. Wir freuen uns auf Ihre Nachricht!

GRÄFE UND UNZER VERLAG
Leserservice
Postfach 86 03 13
81630 München

Montag – Donnerstag: 8.00 – 18.00 Uhr
Freitag: 8.00 – 16.00 Uhr
Tel: 0180-5 00 50 54*
Fax: 0180-5 01 20 54*
E-Mail: leserservice@graefe-und-unzer.de

*(0,14 €/Min. aus dem dt. Festnetz/
Mobilfunkpreise können abweichen.)

BRIGITTE
Leserservice
Tel: 040-370 30
Fax: 040-37 03 56 34
E-mail: infoline@brigitte.de

Chefredakteur BRIGITTE Andreas Lebert
Programmleitung GU Doris Birk
Projektleitung und Rezeptauswahl Burgunde Uhlig (BRIGITTE), Birgit Rademacker (GU)
Texte Katja Jührend (BRIGITTE)
Rezeptbearbeitung Frauke Prien (BRIGITTE)
Lektorat Maryna Zimdars
Korrektorat Mischa Gallé
Layout, Typografie und Umschlaggestaltung independent Medien-Design, München
Satz Uhl + Massopust, Aalen
Herstellung Petra Roth
Reproduktion Longo AG, Bozen
Druck und Bindung Mohn media Mohndruck GmbH, Gütersloh

ISBN 978-3-8338-1513-3

1. Auflage 2008

Rezepte, Produktion und Foodstyling
BRIGITTE-KOCHRESSORT

Bildnachweis
Fotografie Thomas Neckermann
Seite 84, 86, 88, 102 Ulrike Holsten
Seite 28, 78, 130 Joerg Lehmann
Seite 42 Janne Peters
Seite 62 Janne Peters / CMA
Seite 135 Riedel Gläser
Seite 26, 54 Klaus Willenbrock

Titel
Foto Ulrike Holsten
Assistenz Verena Kallweit
Styling Dietlind Wolf
Foodstyling Nicole Müller-Reymann

Ein Unternehmen der
GANSKE VERLAGSGRUPPE